湛庐CHEERS

与最聪明的人共同进化

HERE COMES EVERYBODY

[美]
鲁思 · 韦格曼 Ruth Wageman
德布拉 · 努涅斯 Debra A. Nunes
詹姆斯 · 伯勒斯 James A. Burruss
理查德 · 哈克曼 J.Richard Hackman
著

让高管团队更高效

SENIOR LEADERSHIP TEAMS

郭旭力 鲜红霞 王圣臻 译

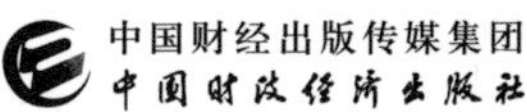

高效的高管团队是一支冠军球队

陈玮
北大汇丰商学院管理实践教授
合益集团东北亚区前总裁
滴滴出行前高级副总裁

在乌卡时代[①]，惊喜不多、惊吓不断！连过去十分笃定的事情，也千万不要打赌！因为你不知道未来会怎样动荡、如何复杂、什么确定、多么模糊。

企业一把手看错盘押错宝、下出昏招的事情频频发生。企业原来的自信自恋也开始动摇了。面临百年未遇、前所未有之大挑战，企业的出路何在？建设一支冠军球队式的高管团队，依靠集体智慧和创造，舍弃单打独斗式的领导模式，也许是最可依靠的破局之道！

① 即VUCA，指组织不稳定（Volatile）、不确定（Uncertain）、复杂（Complex）、模糊（Ambiguous）的状态。——编者注

什么是冠军球队？怎样才能打造冠军球队？冠军球队不见得就是个个明星、人人英雄；也不一定非要黄金堆起、资源无限。但却必须在下列几方面做到特别出色：

- 根据对手和任务动态调整战略与战术。
- 团队成员之间经过长期磨合，配合得极为默契。
- 个体能力和团队实力持续提升，脱颖而出。
- 团队成员求胜志坚，愿为集体的成功拼尽全力。

横扫当今中国企业的第一团队，不要说冠军球队绝无仅有，连拿得出手的高管团队都凤毛麟角！“问题出在前三排，根子还在主席台”。中国民间智慧早就点出要害，组织成败的关键在领导、在班子。

企业一把手们发现，高管团队问题已经一大堆，有的甚至已经“病入膏肓”，不是吃几顿饭、喝几次酒、办几次团建就可以解决的。

有的高管团队，成员钩心斗角，背后插刀；
有的高管团队，成员同床异梦，各怀鬼胎；
有的高管团队，好比铁路警察，各管一段；
有的高管团队，太过自私自利，只想自己；
……

有多少团队，能够真正做到胜则举杯同庆、败则拼死相救？真正志同道合、使命驱动的高管团队，你又见过几个？如果仔细观察中国企业的高管团队，你会发现很多第一团队的成员根本就没有什么安全感、成就感和使命感可言。

连高管都没有安全感，谁还会畅所欲言、直面问题？怎样才能建立起真正的信任？如何做到集思广益，共谋美好未来？连高管都缺乏成就感和满足感，整个组织不“内卷”才怪！高管对事业兴奋不起来，对创造也缺乏能量，这个组织怎样才能做到斗志昂扬、胜仗连连？连高管都缺乏使命感，还怎么要求广大干部上下同欲、使命驱动？还高谈阔论什么实现使命和愿景？

首席执行官们会说，谁不希望打造一支冠军团队！但是这件事太难了！他们甚至问到，世界上存不存在所谓的卓越高管团队？但古今中外的历史告诉我们，冠军高管团队不仅存在，而且非常值得去打造！

假如没有冠军团队，能取得“大决战”的胜利吗？假如没有刘邦、张良、萧何及韩信这样的完美组合，刘邦能打下江山、成就霸业吗？假如没有蒂姆·库克、乔纳森·艾维（Jonathan Ive）等众高管的辅佐，乔布斯能够领导苹果起死回生、再次伟大吗？

在说到乔布斯的高管团队时，微软创始人比尔·盖茨这样说道：“乔布斯在开发麦金塔计算机或是在 NeXT 计算机公司工作时，其团队成员都只管着自己的一亩三分地，但这一次苹果的高管更像一个团队，有互相争执、妥协的过程。……这个团队经历了炼狱般的考验，却依然团结在一起……我的意思是，团队的每个成员都有真才实学，没有一个人在那里混日子，团队没有薄弱环节，也没有替补成员或是潜在人选，每个人都是不可替代的，只有这样一个团队。”

听到比尔·盖茨如此表扬苹果团队，有多少一把手真的很羡慕！显而易见，空前绝后如乔布斯，都是不能只依靠自己的单打独斗、聪明绝顶来完成伟业的！

对照比尔·盖茨的标准，相信很多中国企业的一把手都会觉得汗颜。可喜的是，越来越多中国企业的一把手开始意识到，面对前所未有之大变局、大挑战，打造一支卓越的高管团队，攸关成败、刻不容缓！悟到已经不易，做到更为艰难。关键还是如何打造冠军团队。

我在合益集团（Hay Group）的几位老同事以及全球高管团队研究大师、已故哈佛大学教授理查德·哈克曼（J.Richard Hackman）教授合作撰写的《让高管团队更高效》一书出版，为我们打造冠军高管团队提供了有益的思考与实践参考。

这本书最重要的特色，就是基于严格的实证研究，又结合大量的实践，提出了一个可操作的理论和实践的模型。书中提出，打造高效的高管团队，需要塑造下列 6 大条件：

- 真正的团队。
- 合适的成员。
- 富有感召力的目标。
- 完善的结构。
- 支持机制。
- 团队教练。

虽然作者并没有保证，只要满足上述 6 个条件，就可以打造卓越高效的高管团队，但至少可以大大提升成功概率。

大部分企业已经进入了深水区或无人区，老旧的地图不足以引导企业前进，新的地图需要自己去创建，特别是需要一支全力以赴、充满智慧的高管团队的成员共同去创造。

作为一个领导团队，他们在乌卡时代需要更加审时度势，动态地发现和抓住主要矛盾，并一起明确方向、制定战略，以确保企业的长期生存与发展。

作为一个领导团队，他们需要更娴熟老练地管理各类利益相关者，视野需要大大超越自己所在组织的边界，看到更广阔世界中那些相互依赖、相互影响的驱动因素，以构建战略性关系，创造并影响新旧生态体系，为谋求更大的战略腾挪空间。

作为一个领导团队，他们还需要延伸视线的时间轴，看到未来，并根据对未来的判断来经营当下，更好地把握长期和短期之间的关系。

上述这些挑战，项项都不简单。它们要求高管团队能更好地凝聚起来，眼观六路，耳听八方；同时能够相互依赖、上下同欲、精诚团结、各显神通。

从本书作者的观点和研究成果来看，要打造这样一个高效的高管团队，需要明确独特的团队使命，严把进口与出口关，建立并实施行为规范，紧抓团队的持续进化。

明确独特的团队使命

本书特别提到第一团队需要拥有清晰、具体且具有战略性的“团队目的或使命”。高管团队的这一存在目的，最好不是空泛模糊的描述，例如“实现公司使命与愿景”“制定并实施战略”等。

所谓高管团队的“存在目的和使命”，涉及组织当前的主要矛盾和核心利益，是第一团队当仁不让、舍我其谁、不能授权的。例如，希望通过“蛇吞象”的战略收购，一举实现全球扩张的某企业，就可能把“成功实现跨国战略并购、实现全球布局”定义成第一团队的独特使命和“必须打赢的仗”。另一家企业，迫切需要深度的业务转型，拉出第二条 S 曲线，以谋求长期的生存与发展，因此这家企业的第一团队就把“技术与商业模式破局，成功拉出第二条 S 曲线”作为高管团队的独特目的和使命。这些具体、明确、务实同时极富战略性的“必须打赢的仗”，成了第一团队凝聚起来、相互依赖、同舟共济、共享使命的“战略大议题”。

严把进口与出口关

解决好谁上车谁下车的问题，打造高效的高管团队的任务几乎就完成了一半甚至更多。在这方面，很多企业一把手常常感觉手足无措、疑虑重重。他们考虑的因素有很多：高管团队的多样性、代表性、匹配性、合法性等，以及能力、关系、历史、情感等。这不仅是一项高难度的政治安排，也是一种高难度的技术活。

谁上车谁下车的维度和标准是什么？本书提出了 4 项维度和标准：

1. 注重考察必需的技能和经验。
2. 注重考察高管的自身形象。
3. 注重考察概念思维能力。
4. 注重考察共情能力和正直诚信的品质。

本书提出，首先还是要考察成员的专业技能和经验。为什么这样重视专业技能和经验？这让我想起乔布斯在苹果公司所倡导的理念：专家领导专家。乔布斯还认为，把专业段位高的人转变成领导者，比提升领导水平高的人的专业段位更容易。中国企业的一把手，可能有必要对高管的专业知识和技能提出更高的要求。

高管的自我形象也非常重要。你关注的是自己分管的一亩三分地，还是整个企业的大局？中国人一直讲“格局”，这就是一种格局的表现。在现实世界中，只关注自己的一亩三分地的高管太多了。他们的意识进化，大大落后于高管职位的要求。意识进化了，行为才能发生真正的改变，真正的高管格局才能变成习惯。

高管团队中必须至少拥有一两个极其聪明的人，用本书作者的话来说就是一流的“概念思考者”。这些人善于从极其复杂的现象中洞悉本质，整合错综复杂的信息，找到重塑企业新的成功之道。厉害的企业一把手理解这种高管的价值，常常愿意付出更多来吸引并留住这些高管。

共情能力和正直诚信的品质，也是本书提出的考察高管的维度和标准。

共情能力又称同理心，是感受别人的感受、关心别人的关心的能力。每一个高管如果只是以自我中心、自说自话，是很难建设成一个真正的团队的。理解万岁，因为被理解很重要，但真正理解他人很难。高管之间，需要更多的倾听和理解，努力提升听话听音、感悟别人难言之隐的能力。

同时，高管又要心口如一、言行一致、说到做到。这是正直的核心要素。当面一套、背后一套，嘴上一套、行动一套，老板在一套、老板不在一套，都不是真正的正直。

既有共情能力（同理心），又具备正直品质的高管，常常能够做到“有话当面说、有话直接说、有话好好说”。这是一种很高的境界。有些高管特别强调自己的直率，出口伤人，一吐为快；有的高管自诩情商高，从来不当面把事说破。你好我好大家好，最后大家都不好。因此真正高段位的高管，不会走极端，而是善于兼顾共情和正直的人。

技能经验、自我形象、概念思维以及共情、正直，是本书提出的高效高管团队的选拔标准。但最让企业一把手纠结的是两难抉择。如果一个绝顶聪明、业绩出众的高管，碰巧情商很低、同理心很差，而导致高管团队鸡飞狗跳，那还要不要让他继续留在其中呢？

这不是一个轻易能回答的问题。企业一把手需要花费不少脑力和心力，进行利弊权衡、说服引导、试错，在发展中找到自己的答案。

建立并实施行为规范

没有规矩不成方圆。高管团队也是需要立规矩的，这就是所谓的行为规范。在缺乏行为规范的高管团队中，会慢慢滋生难以被接受、被容忍的行为，队伍很快就散掉了。如果不少高管在开会时举手发言，会后随意诋毁集体的决定；如果有些高管开会总是迟到，开会时还不停刷手机；如果有些高管常常打断别人的发言；如果有的高管总是“护犊子”，不愿别人来碰自己团队的问题……如果对这些高管个别的行为不加干预，慢慢会蔓延成整个团队的行为，人心也就散了，队伍也就真的不好带了。

因此，企业一把手带领高管团队建立行为准则，并推动其落地就显得格外重要。这是一把手当仁不让的责任，需要亲力亲为地去完成。在一把手的领导下，有的高管团队提出“开会不刷手机”“让人把话讲完”，有的提出“有话直说、有话当面说、有话好好说”，有的提出“开会时激烈辩论、开会后坚决捍卫”，有的提出“为同事的成功多走一公里”……

行为规范一旦制定，就需要坚决贯彻执行！没有什么“皇亲国戚”可以不受约束。这样坚持一段时间，高管团队的正风正气正念就会建立起来，变成共同的团队意识和习惯。

紧抓团队的持续进化

面对乌卡时代的动荡、复杂、无常和模糊，高管团队的持续高速进化至为关键。

厉害的一把手清醒地认识到，重要的不是你今天有多大能耐，而是你可以进化得多快。精进的速度、进化的速度才是重点。聪明的一把手会想尽一切办法、用尽一切手段来促进高管团队的成长。

事上练！在战斗中学习战斗，成为企业中最重要的进化方式。

卓越的一把手，留出时间和空间带领高管团队成员进行个人和团队的反思及复盘。企业经营，天天有挑战，日日有复盘，到处都是精进的道场，永远不要浪费每次成功与失败的学习机会。

反思与复盘，不仅针对结果，还会针对过程。把大家一起拉起来，升到10 000米的高空，鸟瞰自己和自己的团队，如何审时度势、如何排兵布阵、如何赏罚分明。然后一起降到3 000米高空，俯瞰自己如何开会、如何规划、如何决策、如何沟通、如何协作……

系统性设计整个高管团队的团体学习方式，走出去、请进来、博览群书、行动学习、团队教练、结对辅导、以教促学、训战结合……方式方法无所不用其极，目标单一，精准聚焦，就能加速进化！

综上所述，面向未来，企业一把手不再是单打独斗英雄般的首席执行官，而应成为构建高效、卓越的冠军高管团队的关键角色。总结起来，首席执行官需要：

1. 解决好谁上谁下、谁进谁出的问题。
2. 引导高管团队明确独特的团队使命和目的。
3. 一对一澄清对每个高管的个人角色、团队角色和组织角色的期望。
4. 明确并落实高管团队的行为准则。
5. 千方百计地加速高管团队的进化。

纵观中国企业的高管团队，卓越的凤毛麟角，优秀的不多，平庸的不少，一塌糊涂的也比比皆是。治得了天下治不了左右的一把手，司空见惯、俯拾皆是。

这是我们的挑战，也是我们的机会。打造大量高效、卓越的冠军高管团队，任重道远，让我们坚毅前行！

推荐序 2

CEO 打造高管团队的实践指南

康至军
12 个德鲁客创始人

首席执行官（CEO）如何打造一支真正的高管团队？目前所见，本书是聚焦于这个重要议题的唯一一本著作。

四位作者联手，研究了包括诸多顶尖公司在内的超过 120 个高管团队，系统地探索真正的高管团队应该具备的条件，最终提炼出了一个简洁有力的 3+3 模型。它既能解释杰出高管团队成功的原因，也能为志在打造高管团队的 CEO 提供实践指导。

也许是因为其中三位作者拥有咨询背景，本书的结论清晰，内容也很结构化，加上编辑老师对要点的有效标示，因而非常便于阅读。从读者的角度着想，接下来做些简单的导读，搭一块垫脚石，也许是最合适的选择。

在前言当中，作者们总结了作为高管团队领导者的 CEO 都绕不过的 6 个问题。对这些重要的问题，被压力逼迫着前进的 CEO 要么忽视，要么根本没有进行深入的思考。

在引言当中，作者们介绍了严谨的研究过程以及成果：决定高管团队效能的6个条件。其中包括3个必要条件——真正的团队、合适的成员和富有感召力的目标，以及3个赋能条件——完善的结构、支持机制和团队教练。

书的主体部分就围绕这6个条件展开。需要指出的是，作者们没有停留于坐而论道，而是针对这6个看似简单的条件，给出了大量的实践指南。有些是顶尖企业的实践样例，有些是可以用于自我评估的量表，有些则是明确的行动要点。

最后，围绕CEO自身应该修炼的团队领导能力，作者们基于两项核心领导职责（构建一支良好的高管团队、及时引导）进行了细化，也给出了明确的建议。

彼得·德鲁克早在1954年出版的《管理的实践》(*The Practice of Management*)中就呼吁警惕CEO“一人当家”的潜在危机，并强调建设高管团队的重要性。今天，打造高管团队已经成为CEO的核心任务之一。面对加速变化的外部世界，今天组织的生存和发展越来越倚靠一支真正的高管团队。对于重视此项任务的CEO而言，本书内容提供了有力的、专业的支持。

如何领导高管团队

这是一本关于高管团队的书，它并不关乎凭借个人就能变革整个组织的英雄般的高管，也不关乎能有效解决反映到高层的各种复杂问题的高管小组。

我们听到过许多高管表示，他们坚信团队不应该仅仅是一支称职的管理团队，还应该具备某些特质。他们常常用“领导力”一词来描述这种特质，这也是本书所要阐述的高管团队的领导力问题。**具体而言，本书重点阐述的是，如何领导一支由高管组成的团队，也就是如何领导一支制定企业发展方向、激发他人的聪明才智并调动他人的积极性朝着预定方向前进的团队。**

高管团队成员身处一种两难境地，一方面，他们要对自己的部门负领导之责；另一方面，他们又希望能够成为全身心参与工作且尽心尽责的企业高管团队成员。这是一种很矛盾的境地。

如果问及如何支配自己的时间，大多数曾与我们交谈过的高管都会毫不犹豫地说：“让我集中精力做好本职工作就行，而不是将时间浪费在无休止的、毫无成效的会议当中。”对于许多工作超负荷的高管而言，高管团队会议是必须参加的，但这些会议很多与他们肩负的领导职责或与他们当前迫切需要解决的组织问题毫无关系。因此，他们宁愿不去参加，这也是可以理解的。

其实，事情完全不必变成这样。本书旨在帮助高管们明白，高管团队会在什么时候、什么情况下成为提高企业效率的强大力量，以及在什么时候、什么情况下反而会于事无补。我们将向领导者讲述，如何才能创建和维持一支高管团队，并且使团队成员能够相互支持、相互学习、相互配合，共同致力于明确和实现企业目标。

一个首席执行官就能使高管团队变得强大吗

我们从一个思想试验入手：请想想你曾参加过或见到过的最好的高管团队，然后再想想你记忆中最差的高管团队，它们之间的主要区别是什么？为什么有的团队相当优异，而有的团队却表现糟糕呢？

思考过这个问题的大多数人，首先想到的是两支团队的领导者。实际上，当想到一支杰出的团队时，我们脑海中的主角几乎总是“杰出的领导者”。一支手术团队成功地完成一台风险很大的外科手术，出面接受患者家属感激之情的是主刀医生；一支作业团队创造了一项新的车间生产纪录，得到奖励和提拔的是车间主任；跨国企业的高管团队引领企业取得新的巨大成功后，其首席执行官可能很快就会出现在《财富》杂志上，企业的成功经验也会被写成实践案例，供商学院管理学的学生参考借鉴。

失败的情况也是如此。例如，如果一家企业的业绩平平无奇，那么标准的补救方法就是撤换高管。这不仅是因为他们做出过某些引人注意的错误决策，而且领导者的不作为本身就常被视为导致事情发生的主要原因，仅凭这一点就足以让他们卸任。

人们在解释组织绩效时，往往过于强调一个领导者的个性和行为，这种倾向普遍充斥于有关管理者领导力的书籍中，其中既有“坦诚相见”的首席执行官自传，告诉人们他们如何英雄般地转败为胜或扭亏为盈；也有咨询顾问撰写的“领导原则”之类的书籍，将他们学到的教训提炼成一整套高管必须遵守的清规戒律；还有厚厚的教科书，阐述成为一个成功的首席执行官应具备的素质。几乎所有这些书都秉持一个隐含的假设，那就是一切都有赖于顶层人物，也就是英雄般的首席执行官。

但是，无论占据顶层位置的人多么富有天赋，当代企业对他的要求都已经远超他一个人的能力上限。这就是为什么越来越多的首席执行官会求助于他们的下属，也就是各位高管，以应对他们及其企业面临的领导力挑战。

高管团队潜力巨大，可以为企业高效决策提供丰富的知识、人才、经验和创造力。而且，组建高管团队这种管理方式有助于解决首席执行官的领导力问题，还有助于灵活地克服在许多企业中随处可见的条块分割式的传统思维模式带来的弊端，以及有效地管理由于条块分割而造成的那些重要却又模糊的空白空间。

然而，首席执行官往往没有充分思考如何创建、构筑和支持高管团队，因此无意中限制了团队为企业做出贡献的潜力。例如，首席执行官成立高管团队的过程通常是这样的：简单地将已经是自己下属的高管召集在一起，然后以团队的方式试运行一段时间。如果有必要，再招入有才干的人替换掉那些表现不佳的人。就像一名高管所说，首席执行官的周围最终会聚集起一帮“精兵强将”。

遗憾的是，首席执行官这样做还是基于一些错误的假设。首先，即使这些“精兵强将”早已因无法与他人合作而臭名远扬。首席执行官也会假设这些位高权重的高管会自然而然地密切配合。其次，首席执行官假设那些富有经验和才干的高管能清醒地认识到企业发展的正确方向，并且知道该如何朝着这个方向共同努力。但其实，诸位高管做不到，也无法做到。所以，高管团队的设立必须合理，而且必须加强领导。

一个首席执行官就能使高管团队变得强大吗？首席执行官所能做的是创造条件，提高让高管团队变得卓越的可能性。但即便如此，也不能保证一定就会达到这个目的。无论是校园中的小组还是高管团队，人类组织都在按照自己特有的方式发展演变。它们不像经过精心设计的机械系统，启动某些控制杆就会达到可预测的效果。

对于一些领导者来说，“提高让高管团队变得卓越的可能性”这种思维方式可能有些奇怪，对那些信奉曾任企业首席执行官的美国总统候选人罗斯·佩罗（Ross Perot）的格言——“了解和掌控团队”的高管来说更是如此，他们都希望能够掌控自己的团队。**在本书中，我们将阐述卓越高管团队所应具备的 6 个关键条件。具备这 6 个条件，就有极大的可能来显著提升高管团队的效力。**再重复一遍，你无法直接创建一个卓越的高管团队，但你可以创造条件，提高让它变得卓越的可能性。

本书吸收了多年来我们的高管团队研究项目所取得的研究成果，并展示了如何创造这些条件。前 3 个条件我们称之为必要条件，如果你无法为团队创造这些条件（一个真正的团队而不是名义上的团队、富有感召力的目标和合适的成员），那么最好不要组建高管团队。后 3 个条件我们称之为赋能条件，这些条件（完善的结构、支持机制、团队教练）能为提升团队效力铺平道路。

从最基本的意义上看，这些条件易于理解、便于记忆。但是当你在特定的组织环境中创造这些条件时并不能一蹴而就，这也是本书所要解决的问题。我们的研究表明，对首席执行官来说，创造和维持这 6 个条件并没有最佳途径，在构建、启动和领导高管团队时也没有固定的步骤可循。相反，我们发现杰出的领导者是凭借自身的独特技能，并根据特定的团队运作环境来创造上述条件的。

每个首席执行官都绕不过的 6 个问题

本书面向那些寻求以另一种视角来审视高管团队的读者，既包括商业、政府部门、教育和卫生保健组织的领导者，也包括对企业高层领导力感兴趣的读者。本书深入分析了为什么有的高管团队进入了能力不断攀升的螺旋式上升通道，而有的团队却还在无休止地苦苦挣扎，甚至成立不久就陷入重重困境、面临解体。我们根据自己作为研究者和咨询顾问的多年经验为企业提供了具体实用的指导，使高管团队不脱离正轨，不沦为错误和失误的受害者，并能发挥出真正的作用。

阅读本书后，你将了解每一名身为团队领导者的首席执行官不可避免要回答的 6 个问题。忙碌的领导者往往没有深入思考就含糊地回答这些问题。本书将帮助你就领导层问题做出明确的选择，选择的依据是你自身对团队的期望以及我们在研究如何让团队变得卓越方面取得的坚实成果。

1. 我确实需要高管团队吗？对于正在构建、已经构建或接手了团队的首席执行官来说，这可能是在采取进一步的措施前最应该回答的一个重要问题。遗憾的是，大多数首席执行官在觉察到他们的团队作用不佳之前可能会忽视它，或者认为它已经得到了解决。最高效的高管团队往往是首席执行官在对团队要发挥的作用经过深思熟虑后才组建的。首席执行官不仅要知道如何组建和支持团队，而且应该已经准备好为组建和支持团队付出必要的时间和精力。

2. 如何明确团队目标？如果你问大多数企业领导者其高管团队的目标是什么，最常见的回答是重复企业的发展目标。所以当你问高管团队成员其团队目标是什么时，得到的答案五花八门也就不足为奇了。高管团队成员清楚团队应该在企业中发挥不可替代的作用，但是不清楚具体是什么作用。在最高效的高管团队中，其领导者应该很清楚要将企业带往何方，而且有到达彼岸的战略，并能够让团队成员十分清楚团队目标，从而使全体成员都致力于为实现战略目标而发挥出独特的作用。

3. 进入团队的都是合适的人员吗？首席执行官常常深受一系列错误的假设所害。首先，如果他们接手一支高管团队，那么他们就会像许多人一样，认为必须保持团队的现状不变，以打造和谐的氛围，建立信任的关系。其次，他们认为头衔等同于团队成员的资格。如果你是高级副总裁，你就要进入团队，不论你的加入能否提升团队的价值。再次，他们认为团队成员资格等同于其在企业中的地位。他们担心如果让某个人退出团队，那么这个人将会丢面子并且感觉受到了冒犯。所以，首席执行官要么会让一切维持原样，不对团队成员做出任何调整，直到危害产生；要么会过于放任，让越来越多的人进入团队，使团队变得过于庞大。最高效的高管团队，其成员都是经过精心挑选的，都是掌握着实现团队目标所必需的专门知识、特殊才能和独特经验的人，没有谁仅仅是为了沽名钓誉而加入的。

4. 如何构建团队？一支团队即使有着富有感召力的目标和合适的人员，也有可能束手无策或者毫无建树。造成这种情况的原因通常是缺乏团队成员有效合作所需的基本结构。所谓“结构”，我们指的并不是组织系统图上的条条框框，而是那些能有力地规范团队成员自身行为和互动方式的团队特性，即团队的规模、成员的多样性、团队具体任务的设置方式和指导成员互动的核心行为准则。能够创建最高效的高管团队的领导者，知道上述特性决定了团队的成败，并会对此给予高度重视。

5. 我需要为团队提供什么样的支持机制？高管团队的领导者常常做出的另一个错误假设是认为高管团队能够自主运行。毕竟高管团队的成员都身处组织权力的顶层，地位显赫，专业过硬。但是，无论团队成员多么出色，高管团队也不可能完全自主地运行。就像组织中的一线团队一样，高管团队也需要在表现很出色时得到认可和奖励，也需要在评估不同的行动方案时得到可靠的数据，也需要在解决超出其专业能力的问题时随时得到技术支持，当然也需要物资以保证团队工作顺利进行。最高效的高管团队的领导者要考虑清楚团队最需要什么样的支持，并且要运用自己的权力确保团队能够得到这些支持。

6. 谁能给予高管团队引导以及应该何时给予引导？高效的高管团队不是天生就高效的，而是逐渐磨炼而成的。他们需要实际的引导，需要学会如何解决在合作方面出现的问题，学会敏锐地抓住团队成员可能忽视的强化团队的机会。虽然有时首席执行官承担起了引导高管团队的责任，但是这项任务由其他人甚至外来教练承担会更好。在团队遇到困难时，及时给予引导显然是有益的，但有些引导却要在团队还没有遇到困难时给予，特别是在团队承担新的任务或完成任务后进行总结时，这样才最有效。最高效的高管团队的领导者能够认识到给予团队引导的重要性，并且能够确保团队随时得到引导。

很少有首席执行官能完全做好准备去率领一支由高管组成的团队。首席执行官们身处股东（董事会）、博弈者（投资商）甚至唯数据者（分析人员）都在出谋划策的商业环境中，面对每天都激烈震荡的市场，驾驭一群意气风发、见解独到、受过良好教育的高管，并指挥他们做事，绝非易事。

对于大多数领导者而言，即使他们自身非常优秀，统率一支由优秀人才所组成的团队也是一件把握不大的事情。纵然他们曾在显赫的职位上取得过成功，他们也会很快发现领导一支由高管组成的团队面临着许多新的挑战。我们希望本书对你应对这些挑战有所裨益。

打造高效的高管团队是可能的

“关于团队建设，没有比这本书更好的了！”听到一个不知姓名的读者如此评价本书，特别是在得知这个读者通过阅读本书改变了想法后，我们感到非常欣慰。我们理解这种反应，有关团队建设的书已经俯拾皆是，但为什么我们还需要再出一本呢？

我们之所以需要出一本这样的书，是因为高管团队可以成为一个极其有效的组织，但是我们发现几乎没有一本书能够指导高管团队成为这样的组织。本书的两名作者努涅斯和伯勒斯是全球知名管理咨询企业——合益集团的资深顾问，另两名作者韦格曼和哈克曼是研究和讲授团队及领导力的学者。这样的 4 个人走到一起合著本书，是因为我们都深信打造高效的高管团队是可能的，我们也开始探究这种可能性。

高管团队在企业的成功中所起的作用日益关键，但却很少有企业能打造出出色的高管团队。在过去的几十年间，两名顾问作者与他们的客户一起对造成这种现象的原因进行了深入思考。他们在想：这些才华横溢的高管组成团队后到底做错了什么？许多高管成立了非正式的助手小组作为自己可信赖的顾问，还有的高管召集自己的直接下属组成了庞大的团队。尽管如此，却少有能达到首席执行官们所期望的。更有甚者，两名顾问作者听说，首席执行官普遍对高管团队持怀疑态度，并默许团队不作为或任由团队自由发展等。对于“把一群精英组织到一起的时候情况总是如此”的说法，我们的顾问作者并不认同。

与此同时，两名来自大学的作者分别进行了一系列调查研究，旨在发现能够提高高管团队运行能力的组织环境和领导行为。他们的大部分研究成果都汇总在哈克曼所著的《高效团队》（*Leading Teams*）一书中，其中包括对乐团、航空飞行机组、现场服务小组等许多类型的团队的研究，但是这本书中的内容并不完全对应高管团队所面临的特殊要求和机会。两名来自大学的作者对另外两名顾问作者在与高管团队的合作中遇到的各种问题了解得越多，就越觉得这些团队似乎都在努力克服企业其他部门在架构和领导力上存在的种种缺陷，而正是这些缺陷侵蚀着团队。例如，当两名团队成员竞争一个高管职位或团队成员因个人表现突出而受到奖励时，这些团队怎么才能茁壮成长？当团队成员都各有打算时，他们怎么才能在组织中齐心协力？

几年前，我们发现两组作者的工作存在共性和互补性，因此决定联手运用我们的专业知识和研究能力，系统地探索高管团队成为一支杰出团队应该具备的条件。我们系统地收集和分析了来自全球120多支高管团队的数据，审视了从组织使命到每个团队成员的能力等各方面的情况，观察了这些团队的运行状况，与领导者和成员进行了深入访谈，利用经实践证明非常有效的评估工具收集了关于这些团队的定性、定量数据，我们还检查了这些团队的财务状况、客户满意度以及其他绩效衡量指标。

这项研究最终发现，有6个条件是构建、启动和领导高管团队的关键。而且，这项研究还提供了大量有关高管团队领导力的具体例子，正面、反面的都有。在探索领导者如何才能加强其高管团队建设的过程中，我们将着重介绍这些例子和我们的研究成果。

你的高管团队够高效吗？

扫码鉴别正版图书
获取您的专属福利

扫码获取全部测试题及答案，
看看你的高管团队够高效吗

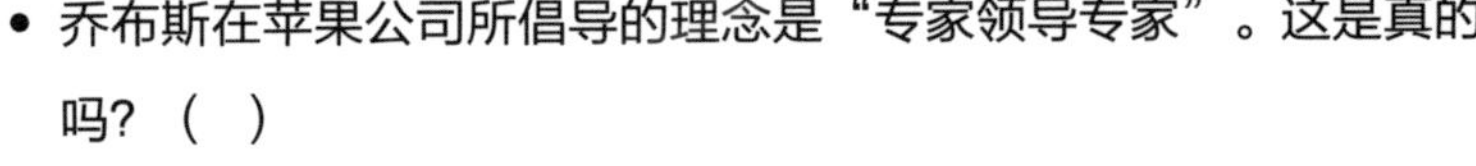

- 乔布斯在苹果公司所倡导的理念是“专家领导专家”。这是真的吗？（ ）

  A. 真

  B. 假

- 以下关于团队目标的说法正确的是（ ）

  A. 团队目标就是每个成员的个人作用之和

  B. 团队目标等于组织目标

  C. 制定团队目标不需要考虑成员的构成

  D. 团队目标应该具有挑战性、必然性，最重要的是具有明确性

- 高效的高管团队具有完善的结构，这意味着团队具有适当的规模、有意义的任务以及（ ）

  A. 独断专行的领导者

  B. 各行其是的成员

  C. 明确的规范

  D. 模糊的团队目标

扫描左侧二维码查看本书更多测试题

Senior Leadership Teams

目 录

第三部分 率领高管团队

▸ 引　言 ◂

如何让高管团队更高效

迭戈·贝维拉夸（Diego Bevilacqua）是一名经验丰富的高管，一位受人尊敬的领导者，也是一个在打造公司团队方面取得过辉煌业绩的老手。他曾经艰难跋涉，穿越哥斯达黎加雾气弥漫的热带雨林，但是，这一切，包括狰狞的鳄鱼、怒号的猴子，都没能让他做好迎接2000年末的挑战的准备。这个挑战就是：在几乎没有任何新资源或新技术的条件下组建一支高管团队，快速创建一家成功的公司。

在贝斯特食品（Bestfoods）公司和联合利华合并后，贝维拉夸接手了这家食品服务公司，并将它形容为“无家可归的孩子”。他所要解决的问题是将贝斯特食品公司非常成功的食品服务业务和联合利华公司中效益很低的同类业务整合在一起。尽管贝斯特食品公司规模不大，但是业务开展得非常好。整合这两家公司将是一个充满政治智慧的过程，也是一场消除双方疑虑的艰难战斗，因为双方都认为这样的合并是在破坏食品服务业务，而不是在拓展它。

贝维拉夸将两家公司中熟悉食品服务业务并对业务运行有着自身见解的

人组成了一支高管团队。但是，联合利华食品服务分公司前经理、现任集团首席执行官帕特里克·塞斯科（Patrick Cescau）却希望贝维拉夸用这两家实体创建一家在食品服务行业具有强大影响力的公司。贝维拉夸说："在我看来，我所能做的就是让这群人和这家新的公司具备一定的领导力，创建一种专家之间可以公开探讨问题的文化氛围，并能共同制订出实际的公司未来发展规划。"

贝维拉夸和他的主要顾问开发了一种业务模式，让合并后新成立的饮食策划（Foodsolutions）公司独立于母公司运行，但是它却与联合利华的其他部门有着相互依赖的关系，从而获得了包括技术和研发的后台支持，并与联合利华的其他高价值品牌保持合作关系。贝维拉夸表示："我们认为零售业务和食品服务有许多共性，所以实在没有理由再另起炉灶去创建一家庞大的公司。我们希望新的公司重点明确、业务清晰，具有针对特定客户和市场开展业务的自主性，而且投入了成本就要实现增值。"这种"具有自主性但又相互依赖"的模式是食品服务公司运营方式上的重大转变，它使管理者的相互协作在新实体中变得更加必要。

为了更好地统一认识，贝维拉夸将我们称之为"协调团队"的成员召集在一起。这支团队的成员不仅包括他的直接下属，也就是构成这个高管团队核心的 11 个成员，而且包括再下一级的全部 46 名高管。贝维拉夸用了一星期的时间来阐明和规划公司的新战略方向。"我向他们提出的挑战是这样的，联合利华已经让我们独立了，所以我们有了自主性，这很好，但是我们也开始肩负责任了。也就是说，责任随着自主性而来，我们就是要承担这些责任的人。我们需要明确公司的未来目标，并确定好应如何实现它。"

贝维拉夸知道，他率领的团队是由经验丰富的专业人士，以及熟悉业务和市场的业界资深人士所构成的，他们自身也有很大的成就，这些人聚集在一起才有可能会取得成功。

但是，事情并不是这样简单。不过几个月的时间就出现了问题。尽管这支团队有贝维拉夸认为的翔实的业务方案，而且需要完成的任务非常具体，但是团队成员间却毫无默契可言。只有少数几个成员行动到位，其他人要么依然我行我素，要么对于新的战略有着自己的另类理解。称这样一群人为“团队”实在有些勉强，这不过是由一群各忙各的高管所组成的一个松散联盟罢了。

团队的混乱很快体现在平平无奇的业绩当中，这让贝维拉夸感到沮丧和愤怒。为什么这么难？为什么这样一群久经世故、阅历丰富的业务高管就不能构成一支坚强可靠、表现优异的团队？作为他们的领导者，他本人做错了什么吗？贝维拉夸回忆道：“我知道，我们需要建立这样一支团队，这支团队奋斗的方向一致，也就是讲同样的语言，探讨同样的问题，朝着同一个目标努力，切实为公司其他部门增加价值。我们尝试着采取了各种不同的办法，想让各位高管理解这一点。”

但是，这似乎没有什么成效。贝维拉夸知道，为了挽救公司，他必须采取极端措施，遏制这种日益严重的离心离德倾向。他的高管团队不起作用，一个显著标志就是成员总是一而再、再而三地回到本该一场会议就能解决的问题上。掌管这支团队的贝维拉夸深受煎熬，这种状态让他萎靡不振，他开始认识到，团队效率低下、不够团结已经成了一个问题，但他对此几乎无计可施。和其他许多高管团队领导者一样，贝维拉夸开始认为精英群体中高管的功能失常是必然的。他说：“实在是荒唐透顶，无论是在本部、区域还是全球层面，都有张三李四之流在捣乱，在这种方式下，我无法安排工作。如果非要我选择，那我宁愿被自己的事情累死，也不愿意被这些乱七八糟的事情烦死。”

在变革和竞争的洪流中发挥领导作用

作为经验丰富、富有才干的组织领导者，贝维拉夸不是第一个突然发现他本人及其组织处于危险失控状态的人，也不会是最后一个。越来越多的组织领导者发现，有效地运行一个组织，无论这个组织是一个业务部门、一家小公司、一家股份公司，还是一家联合大企业，都比以往要难。

究其原因，并不是现在的组织领导者较过去的领导力低或经验少，也不是现在的团队比过去的团队差。问题在于组织领导者和团队成员的职责正在不断地发生变化。在激烈的竞争和无情的变革洪流中，他们的职责已经被重新定位。在过去，区域化就能够发挥作用，而现在的重点是全球化和持续增长，强调的是规模、速度以及与客户的密切关系。高管团队必须始终而且随时确保客户的需求能够得到满足。

贝维拉夸开创一家成功的全球化食品服务公司所要面临的挑战包括：

1. 整合有着不同价值观、文化、业务流程以及领导风格的两家公司的资源。
2. 制定针对遍布全球数十个国家的各家分公司的发展战略，而每个国家的文化、气候和烹饪需求都各具特色。
3. 在一年之内完成所有工作。
4. 第一年的业务要增长几个百分点。

领导一个小组织确实比 10 年前更为复杂和艰苦，但困难并不总体现在规模和数量上。如果你问问一些非营利性组织的领导者，就会明白。他们会告诉你公共安全方面的压力越来越大，各种规章制度越来越多，捐赠者和被捐赠者的期望值越来越高等情况。

尽管高管职位的各种待遇诱人，但是越来越多的高管要么拒绝接受最高职位，要么辞去了这一职位。这种现象不足为奇，一名高管在经过考虑后拒绝了联合公司某一快速发展部门的领导职位，正如他所言：“我了解这项工作，它会累死你，这不是我和我的家人想要的生活。”

尽管登上最高职位是高管奋斗的目标，而且有些高管也足够幸运地实现了这一目标，但仍有许多高管发现他们难以把握自己的任期。“不进则退”已经成了工作法则，诸多跟踪研究说明了高管的工作是多么艰辛和脆弱——在 1995 年离职的美国和英国首席执行官中，退休和倒在岗位上的占 72%。到 2001 年，该数值下降到 47%，与此同时，首席执行官的更替比例上升了 53%。

这些研究并不能展现出这些高管在离任之前很长时间内经历的种种艰辛。这些优秀的人天生就不是知难而退者，他们渴望成功。要成功就要经受痛苦，即使他们认识到自己已经尽了最大的努力却没有取得所希望的结果，他们也依然会迎难而上。

正如领导大师沃伦·本尼斯（Warren Bennis）① 所说：“神话传说没有给我们带来不良的后果，因此我们也信奉《独行侠》（*Lone Ranger*）中荒诞的说法，即伟大的事业通常是个人付出毕生精力成就的。尽管有悖于这种说法的证据俯拾皆是，如西斯廷教堂绘画是由米开朗琪罗与 16 人组成的小组合作完成的，但是我们仍然倾向于从个人伟大的角度来理解其取得的成就，而忽视集体的力量。”

---

① “领导力之父”，组织发展理论先驱。本尼斯在其著作《七个天才团队的故事》中提到了关于团队建设的工作方法，而且就为何有些团队能够成就卓越、有些团队却在困境中苦苦挣扎进行了深入的思考。这本书的中文简体字版已由湛庐策划，浙江人民出版社2016年出版。——编者注

英雄般的首席执行官
与“三个臭皮匠顶个诸葛亮”

个人英雄主义不仅是一种浪漫的想法，而且是人类的本性，至少在崇尚个人主义的文化中是这样。尽管我们一再强调“团队”或“组织”的重要性，但是在世界的某些地方，我们依然会颂扬领导者个人成功登顶组织宝座后所取得的成就。只要看看任何一本商业期刊的封面，就能明白这一点，我们见到的大都是这样一幅场景：个人照片赫然在目，双臂交叉抱在胸前，俨然一个独行侠——一个英雄般的首席执行官傲视组织。

但是，这种个人独揽大权的方式已经开始让位于集体领导的方式了。在某些国家，法律规定要分担领导权。以英国为例，制定规章制度的机构强烈建议董事长和首席执行官的职责应该由不同的人员分担，而且大多数公开上市的公司都遵守此规则。在有些地方，包括美国，少数组织已经开始将首席执行官的工作分摊给两三个人来共同承担，其他组织则采取高管共同指引组织前进的团队管理方式。

在许多组织中，多人共同担任首席执行官的做法取得的成就十分有限，原因有很多，其中最重要的是大多数领导者，不论他们的出发点多么好，也不论他们有多么坚持和努力不懈，他们都不具备共同履行职责的能力。在与旅行者集团合并后，花旗集团就做了这样的尝试，但是很快就发现这样的架构行不通。在公司合并后，约翰·里德（John Reed）和桑迪·韦尔（Sandy Weill）都曾由衷地表示他们同意共同承担首席执行官一职，但是他们很快就发现自己陷入了难缠的权力斗争中。重新成立的董事会认识到，像首席执行官这样的重要职位，还是难以容纳两个强势的领导者。最终的结果是，韦尔留任而里德离职。高调尝试多人共同担任公司最高职位这一做法的还有戴姆勒-克莱斯勒公司、卡夫食品公司和时代华纳等，但它们的结局都是一样的。

实际上，尝试多人共同担任首席执行官的做法必然会得到不尽如人意的结果，这是由人类的组织形式所决定的。人类进化留下的遗产之一是人类群体必然采用等级制的组织架构。经过优胜劣汰，占据主导地位的生物体繁衍下去的概率更大，它们的基因可以代代遗传，因此这些物种得以长期生存并保持活力。这种现象普遍存在于各种生物中，从蚂蚁到狼都是如此。

这种现象甚至存在于诸如胡蜂这样的昆虫群当中。当一群胡蜂组成一个群体时，它们会采取自上而下的管理体制，等级森严的程度远远超出人们的想象。雌性胡蜂聚集在一起时，会立刻形成一种不容置疑的等级制度，这不仅能影响到它们的行为，而且能影响到它们的生理，即占统治地位的雌蜂繁殖能力变得更强，而其下属雌蜂却渐渐丧失繁殖能力。

尽管人类拥有突破许多进化发展局限的非凡能力，但是无论我们出于何种目的聚集在一起，采用的依然还是等级制的组织形式。

至于那些采用双领导制取得成功的组织，它们的成功通常也仅仅体现在对职务的称呼上。如果透过组织架构图来看其本质，我们就会发现，虽然他们的称呼都是首席执行官，但实际上却各负其责。最常见的情况不如说是一种首席执行官和首席运营官的分工安排更为贴切，即其中一人侧重于组织外部事务，另一人侧重于组织内部事务或组织运营方面的事务。例如微软，前董事长比尔·盖茨更多地侧重于公司技术和外部客户方面的工作，而首席执行官史蒂夫·鲍尔默（Steve Ballmer）则更多地侧重于公司运营方面的工作。真正的协同领导在管理模式中几乎不可能实现。借用企业管理专家拉姆·查兰（Ram Charan）的话说，任命联合首席执行官“将不再是公司新的最佳做法”。

高管团队，可供选择的领导模型

人类在进化过程中渐成群体，并形成了不同阶层，还在单靠一个人的力量无法完成至关重要的任务时学会了合作。从蚂蚁到羚羊等各种生物体，都会密切协作，共同抵御其他生物体的入侵，共同抢夺其他生物体占据的资源，共同应对生存灾难，共同创造可增加集体幸福感的结构。在协调集体工作方面，领导复杂组织的难度不亚于保护领土、捕获食物或者建造帝国。除了英雄般的领导者和多人共同担任首席执行官的模式，高管团队能成为另一种可行的方式吗？

本书的预设前提是，团队不仅是一种领导组织的可行方式，而且随着个人的能力逐渐无法满足最高职位的要求，团队已经日益成为一种必要的管理方式。这就是越来越多的首席执行官组建团队来领导企业的原因。这种做法至少在理论上有许多优势。首先，首席执行官组建团队可以避免共同领导的方式中存在的谁最终掌权的问题，让领导者们分享主要职责和决策权。其次，在高管团队解决涉及整个企业的战略问题时，大多数负责落实决策的人也是参与决策过程的人。

而且，首席执行官在做出企业关键决策的时候，可以利用企业中最有才能的高管的知识、才干、经验、观点和创造力。这种创新能量可以拾遗补缺，覆盖因边界划分而造成的“空白区”，因为团队针对的就是这些“空白区”。“空白区”蕴藏着很多机遇，但是它缺少指挥和控制，必须由各部门合作来挖掘。

许多领导者似乎已经越来越倾向于倚重团队来解决关键任务问题。这种转变是自然而然的，毕竟，高管团队的存在已是事实，那么为什么不干脆更加依赖他们来获得支持和帮助呢？难道这不是他们之所以存在的理由吗？

无论答案是肯定的还是否定的，大多数首席执行官身边都簇拥着一群值得信赖的高级顾问和高管来帮助自己完成企业使命。但是，这群人中的每个人同时也肩负着其他具体的领导责任并独立地开展工作，每个人都代表着一个部门或一个业务单元而不代表整个企业，这种结构才是问题的核心。

高管团队自我成长和自我保持之神话

在与世界各地的首席执行官合作的过程中，我们发现有一种情景频频再现。一名有才干的新高管，我们不妨称她为朱莉娅，她执掌一家企业，也可以是一家公司、公共服务组织或基金会。朱莉娅认为自己可以运筹帷幄，她勤奋工作，积极查验企业统计数据，企业的财务状况和其他基本情况似乎都很好。

接下来，她考虑成立高管团队，因为在企业中仅靠勤奋是不行的，她缺少详细的信息和翔实的数据。也许，她会以现有团队为基础，再补充一些有才干的精英，构成新的团队来解决这些问题。

有了自认为强大的团队，朱莉娅立刻开始着手解决她自认为最关键的企业问题。在复杂的、快速发展的业务环境中，作为一名备受瞩目的领导者，她面临着来自政府部门、监管部门、股市、股东、董事会、大客户、主要供应商以及员工等方方面面的压力。这些压力是巨大的，而且方方面面的需求都要迅速得到满足。由于急于成功，朱莉娅疏于打造她的高管团队，导致团队和松散的管理人员联盟别无两样。她认为，无须给予这支团队过多的帮助和指导，该团队就能成为一支伟大的高管团队，毕竟其成员都是有能力且经验丰富的高管。

事实恰恰相反，他们不能成为一支伟大的团队。因为团队中的每个成员都有自己的工作安排和看法，团队没有工作重心，也没有统一的目标，缺少牵引力。这就是问题所在：如何管理这样一群业务强、个性鲜明的精英。他们很可能是组织中最能干的人，那如何才能使他们齐心协力推动组织向着正确的方向前进？如何创建真正的、有效的高管团队？

我们的研究成果：寻求高效团队

作为顾问和研究人员，我们理解团队处于艰难状态时首席执行官的失落感。按照传统的组织标准来衡量，这些领导者似乎具备所有的必要条件，他们作为成功的领导，都有着辉煌的业绩。他们的团队成员也往往都是富有才干、经验丰富的高管，许多人都曾在各自的领域创建出杰出团队，但是他们自身却不能组成一支伟大的团队。

我们想知道造成这种现象的原因是不是缺少某些条件，也就是与高管团队独特的结构和动态因素有关的条件。这些团队到底有何特殊之处？为什么他们与组织中的一线团队如此不同？为什么有些高管团队的效能高而有些团队的效能低？为了寻求这些问题的答案，我们集中运用我们的专业知识和研究能力，开始探索有效的高管团队所必须具备的条件。

我们的研究对象

从 1998 年开始，我们研究和分析了 120 多支高管团队的相关资料。这些团队来自世界各地，其中有些领导的是小型企业或庞大的跨国集团，涵盖各种规模和性质，有些领导的是非营利性的公共部门。我们选取的研究样本来自 12 个国家，具有广泛的行业代表性，其中包括一些你闻所未闻的组织，还有诸如 IBM、飞利浦、路透社、Sainsbury、壳牌集团、标准普尔和联合利华等知名大企业。

这些高管团队参与我们的研究的原因多种多样，有些是团队领导者公开为功能失常的团队寻求帮助；有些是企业正在进行战略和结构调整，但他们担心这些调整会对高管团队的设计和功能有潜在影响，所以希望得到相关建议。在我们开始研究这些团队的时候发现，有些团队表现很差，但也有些团队从根本上看就是非常好的团队。我们整体评估了每一支团队的领导力效能，并探索了这些团队的宗旨、结构和领导力的特点，以期理解导致团队优劣的原因。

衡量高管团队的效能

过去对高管团队的大多数研究，一般是对组织效能进行评估，并认为这就是高管团队的效能。与这些研究不同，我们的研究寻求的是直接对团队效能进行评估，这种方法可以真正归因于团队自身行为，而不是环境因素或机遇。[①] 由于我们研究的每支团队都有各自面临的问题、环境，都有各自不同的客户和宗旨，所以我们必须设计出一种适合所有团队的效能评估方法，这样才方便进行比较分析。我们借鉴了曾与团队有过密切合作并且与团队的客户有过直接接触的专家的个人观察结果，寻求对团队整体表现是优是劣的可靠意见。

我们得到了 12 名一直在团队和组织中工作的高级顾问的帮助，他们在工作中收集了大量关于组织环境、团队表现、领导效能方面的调查结果和数据。我们请他们依照三个效能标准对每支高管团队进行评价。

① 迄今为止，关于高管团队的研究成果大都基于对公司绩效的考量，如资产收益率、破产信息或新获专利的数量等，以此作为衡量公司管理效能的指标。这些指标受许多因素的影响，而不仅仅是高管团队采取的措施。例如，外部环境条件极为有利可带来很高的收益率，主要科技人员离开公司可导致专利率下降等。再者，即使高管团队采取的措施对公司绩效有着直接的影响，也难以预测公司绩效何时发生变化。最后，无论是专利率、破产信息还是资产收益率等，都不适合用于衡量公共机构和非营利性机构的效能。

第一，我们要评价团队效能是否达到或超越了组织内外的人为此设立的评价标准。“组织内外的人”是指受团队工作影响最大的那些人。我们认为这是利益相关者的效能评价标准，利益相关者包括在特定时间内特定团队的股东、员工、客户、团体以及其他非常重要的群体，最重要的评价标准来自这些人，而不是团队自己，更不是首席执行官。首席执行官既不是评价者也不是客户代理，他的首要责任是帮助团队确定其真正的客户所采用的效能评价标准，然后再尽一切所能帮助团队达到这些标准。

我们的评价者从各种渠道收集每支团队的信息。他们与董事会成员谈话，分析组织的环境数据，汇总高管团队所服务的客户的反映，然后在此基础上对团队满足客户标准的情况做出评价。评价采用 5 分制：1 分为最低分，表示总体评价非常差，许多客户都认为团队服务水平低下；5 分为最高分，表示所有客户都认为他们是胜出者，而且他们为客户、员工、股东、合作伙伴提供了良好的服务。在我们所选取的样本团队中，评分最高的“杰出”团队所带领的组织都处于强势发展状态。

第二，我们对团队成员能否共同提高合作能力的情况进行了评价。在工作中，有效的团队会让成员渐渐变得同心协力，集体能力得到增强，工作方法更加灵活；反之，则会让成员变得相互对立，笼罩在失败的阴影中。有效的团队会让成员变得善于在造成不良后果之前发现并纠正问题，善于发现并利用新的机遇。他们会定期审视团队的运行情况，总结经验。我们的专家评分员利用那些直接和团队一起工作的人提供的观察资料，按照 5 分制给出了评价：1 分表示团队完全四分五裂；5 分表示团队有明显的积极学习的表现，成员们的合作和学习能力得到增强。

第三，我们对团队集体的经验在总体上能否对团队成员个人的学习和发展起到积极作用进行了评价。高管团队为团队成员的成长提供了许多有利条件，例如，参加团队工作是团队成员学习的最佳途径，可以让成员拓展知识，学习新的技能，探索看待世界的新视角。当然，与他人合作完成重要的工作还有助于建立令人满意的人际关系。但是，高管团队也会给成员带来压力，使他们相互疏远，并削弱他们对自身能力的信心。只有在团队的经验对成员个人的学习和进步更多地起到促进作用时，我们才认为这样的高管团队是有效的团队。我们的专家评分员利用与团队成员私下访谈取得的资料，对他们在团队中的体验按照 5 分制进行了评价：最低 1 分表示挫折感占主导，成员都表示想离开团队；最高 5 分表示成员愿意成为团队的一员，而且在团队合作中，个人的学习和成长取得了很大的进步。

我们发现，在上述三方面都十分出色的高管团队虽然很少见，但是仍然存在，较常见的情况是至少在其中两方面做得不错。遗憾的是，有些团队在这三方面都不合格。团队取得一定成功的情况最常见，他们能让某些客户满意，却没有帮助企业为应对未来挑战而做好准备，也没有体现出成员的合作能力有所提高这一点。

我们还发现，大多数体现出合作能力日渐提高的高管团队，也十分显著地促进了成员个体的发展。也就是说，随着团队的强大、团队创造力的提高和适应力的增强，团队成员对他们在团队中的地位也会感到更加满意，他们自己的领导力也能得到提高。正因如此，你将会看到，本书介绍我们的研究成果时，会将后两个标准合并成一个（作为一支团队，它正在越变越好吗？成员个人的能力在提高吗）。同样，能够帮助团队提高适应力的事物，也能帮助团队成员提高领导力。

图 P-1 显示了表现好的团队（我们的专家评定其为“杰出或接近杰出团队”）、表现差的团队（我们的专家评定其为“落后团队”）和表现一般的团队（我们的专家评定其为“平庸团队”）在我们的样本中所占的比例。该图还显示了团队发展和个人发展表现突出的高管团队，以及团队发展和个人发展表现一般或差的高管团队所占的比例。从图中我们可以看出，在每个标准中，约 1/4 的高管团队表现突出，被评定为“杰出”；约 1/3 的高管团队表现平平，被评定为“平庸”；而远超过 1/3 的高管团队表现非常差，被评定为“落后”。

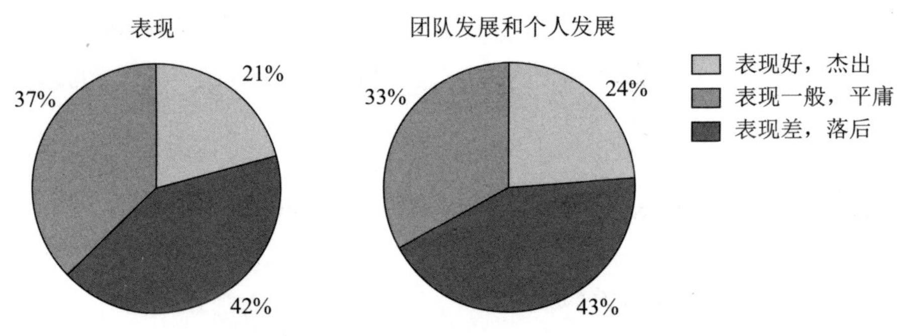

图 P-1 我们研究的高管团队的效能表现

衡量决定高管团队效能的条件

确定了杰出团队、平庸团队和落后团队之后，我们开始探索导致团队表现有差异的原因。我们要求首席执行官明确团队成员，以确保我们研究的确实是高管团队，而不是领导者的一群直接下属或组织“高管”。① 正如你将在第 1 章看到的，我们只是请首席执行官提供团队成员名单，就可以获得诊断数据，以说明所研究团队的边界是否清晰（例如，首席执行官知道团队有

① 长久以来，人们一直认为高管是影响组织绩效的因素之一。这些研究的重点多在高管团队成员的人口统计特征对某一级组织绩效的影响上，认为战略选择受组织高管的背景和偏好影响。这种“上层”观点与我们的研究成果截然不同。这种传统的研究常常挑选组织某级以上的高管作为研究对象，而不考虑他们是不是高管团队的成员，也不设法去明确地界定高管团队和研究决策团队的实际交互作用。

哪些成员，但是团队成员几乎没人知道），表明团队作为一支“真正”的团队来运行的可能性如何（如果团队成员都不确定团队由哪些人组成，那么运行的可能性就不大）。

一旦知道了谁是团队成员，我们就可以要求团队成员填写一份评价表。[①]在评价表中，团队成员要描述团队的目标、团队的结构及特点、团队必须借助的各种资源，以及团队领导者给予团队成员实践指导的情况。换言之，以往的研究显示，有关团队设计和领导力的这些方面对团队的工作方式和表现有很大的影响。我们会依据这些衡量指标对团队设计和领导力进行评价，1 分表示差，5 分表示优秀。我们利用这些数据来发现和探讨杰出、平庸、落后团队之间最大的差别。

我们还深入采访了首席执行官和他的团队成员，以评价成员的领导力，我们将在第 3 章讨论我们的发现。[②]我们还探讨了行业和其他环境差别影响高管团队效能的可能性，结果显示这些方面的影响比行业中其他方面的差别的影响小，也就是说在我们研究的每一个行业中，都有杰出和落后的高管团队。

下面重点强调我们的主要研究成果：高管团队发挥效能的 3 个必要条件和 3 个赋能条件。

---

① 即“团队诊断调查表”，它在衡量团队设计、流程、领导力方面的可靠性和有效性上已经得到了验证。

② 我们利用行为事件访谈法（Behavioral Event Interview，简称BEI）对领导力进行评价。这是一种公认的管理者能力评价方法，其有效性已经在许多研究中得到了验证。行为事件访谈法由3.5小时的访谈内容所构成，被访谈者要非常详细地讲述最近工作中经历的4件事。这些访谈内容被作为评价各种领导能力的依据。这些能力都是通过经验得出的，也就是说访谈中数百个能力模型和数千个个体所描述的行为都是实际存在的。

高管团队发挥效能的 6 个条件

我们的研究显示出，培育高管团队效能的 6 个条件可分为两类：3 个必要条件和 3 个赋能条件。3 个必要条件是团队发挥高效能所必须具备的；3 个赋能条件能够为团队成为杰出团队铺平道路，并加速这个过程。图 P-2 概括了这些条件。必要条件的作用是，如果组织或个人的情况使你无法让团队具备其中任何一个条件，那么高管团队就根本无法有效地合作。相比之下，赋能条件的作用是为高管团队发挥效能提供支持，并使高管团队更快、更顺利地发展成为敏捷的、不断进步的团队。

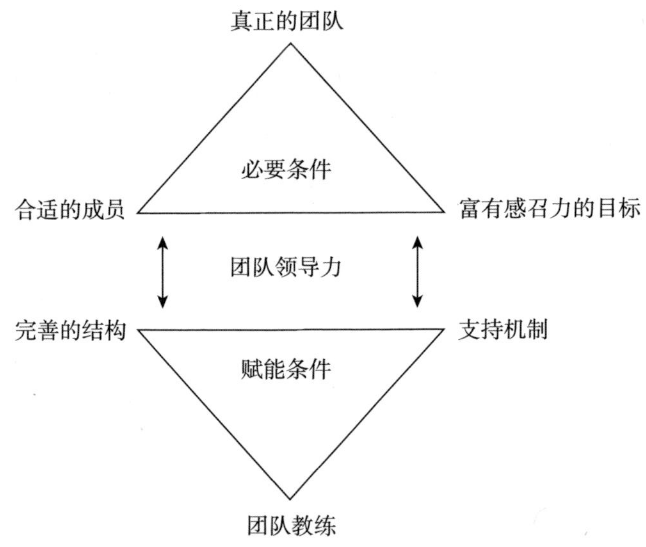

图 P-2　高管团队发挥效能的 6 个条件

对于每一个条件，我们都将用一章的篇幅来描述（第 1 章至第 6 章）。在每一章中，我们都会阐述这些研究给予我们的启示，即为什么这个条件对于高管团队至关重要。我们会用某些领导者的奋斗故事和案例来描述首席执行官在为团队创造该条件的过程中常遇到的困难。对于每一个条件，我们还会提供具体的实例，说明团队领导者为了克服这些困难和为团队创造这些条件所采取的具体策略。这些实例能够说明，首席执行官在他所面临的具体组织环境中，如何运用自己的风格和智慧为团队创造这些条件。

我们在书中列举领导者变革团队设计特点的实例，旨在给予正在思考为其团队创造上述条件的领导者另外可选的模式和理念。本书所讨论的这些条件，对于任何一种类型的团队都非常重要。但是，我们重点讲述的是领导者在为其精英组织创造上述条件的过程中所遇到的特殊挑战，我们所举的实例和提出的建议也都是从高管团队的经验中提炼出来的。

我们的研究表明，这 6 个条件对高管团队的影响极大。实际上，在我们所研究的团队中，表现存在差异的原因有一半可以归咎于团队这 6 个条件的具备状况，即团队的构成、结构和得到支持的状况。仅掌握团队这 6 个条件的具备状况，就可以极大地提高我们对高管团队表现的预测能力。

必要条件

领导者可以通过如下途径为高管团队创造必要条件：

1. 创建真正的团队，而不是名义上的团队。
2. 为团队确立清晰且富有感召力的目标。
3. 确保团队成员都符合团队工作要求，拥有相应的知识、技能和经验。

如果具备了这些条件，那么团队就有了开展工作的扎实基础，并有能力日益胜任团队工作。但是，如果团队不具备这些条件，团队成员就很可能会在合作过程中遇到长期困扰团队的问题，例如，团队功能失常的矛盾、不能确定团队开展工作的最佳方式、牺牲企业大局利益来满足部门小团体利益、反复纠缠在已解决的问题上等。要解决这些问题，团队成员就无法将时间和精力真正用在工作上，更糟糕的是，他们为解决这些问题所付出的一切努力都可能是徒劳的，因为那些看起来已经解决了的问题常常反复出现，而这一切的根源在于团队的基本设计存在缺陷。

因此，如果不能具备这些必要条件，那就最好不要组建团队。例如，高管正处在大调整的过程中，许多现任高管可能离职，新的高管即将到任；或者组织战略变化快到来不及让高管团队确定明确的目标；或者组建团队的领导者没有足够的知识和技能来领导团队，在这些情况下，最好推迟创建高管团队，直到有可能很好地进行团队设计为止。

有时在创建团队时也不可能完全具备这 3 个必要条件。首席执行官必须做出判断，现有条件是否足以使团队有一个良好的开端，而且能否随着机会的来临有计划地得到完善。高管团队的基本设计一开始不必尽善尽美，但是必须为构建一支胜任岗位要求的团队奠定坚实的基础。评定基本设计能否达到或能否逐渐达到这个目标是首席执行官的职责。

真正的团队

高管肩负的责任很多，包括管理、组织能力建设、将全体成员的思想都统一到集体目标上、制定和实施组织战略、管理组织日常运行等。这些任务都很重要，但是全部由一支团队来承担是不合适的（也许一些新兴的小公司除外）。然而，实际情况却常常如此：一支成员不确定或时常变化的大型团队，试图承担起所有这些责任，但他们却从来没有凝聚成一支真正的团队。

真正的团队边界清晰，每个人都知道某个人是或不是团队成员；真正的团队具有稳定性，成员有时间、有机会来锻炼他们的合作能力；真正的团队具有高度的相互依赖性，成员在合作共事时能充分利用同事的专门知识、技能和经验。

将一群人召集在一起并称之为团队，不一定能建立起一支真正的团队。创建真正的团队需要对团队的任务、组成及培养方式做认真的思考和规划。要想组建一支高效的高管团队，首先必须使之成为一支真正的团队，而不是名义上的团队。

富有感召力的目标

尽管每支团队都必须清楚自己的发展方向，但是与一线团队的领导者相比，高管团队的领导者在将复杂模糊的管理责任转化为清晰明确的团队目标时，常常困难重重。在我们研究过的最高效的高管团队中，我们发现他们的领导者都找到了一条途径，就是让团队成员在推进组织战略发展的过程中，能够有一种自己发挥独特作用的感觉。

团队目标不是每个成员的个人作用之和，也不等同于组织目标。它不是宽泛的、抽象的、空洞的语言，比如“为客户服务”“为公司创造价值”等。相反，它应该具有挑战性、必然性，最重要的是具有明确性。团队目标突出的是团队成员间的相互依赖性，它能引导团队朝着目标前进，帮助团队成员在领导组织发展的过程中做出合理的判断。

如果你问一支高效的高管团队的成员他们的目标是什么，他们一定能够清晰地说出他们作为团队所肩负的重大战略和决策任务，他们还能告诉你，尽管经常要从新的视角审视团队目标，但每次这样做都能带来新的收获，并帮助他们更好更快地做出决策。

合适的成员

一个组织的高管可能不是出色的团队领导者，但是我们发现，他们的某些能力正是导致高管团队合作或混乱的原因。在我们合作和研究过的大多数高效的团队中，团队成员是由团队领导者根据所要讨论的问题挑选出来的，虽然团队终究是领导者的团队，但是这样挑选出来的成员真的有益于团队建设并满足特定的目标需要吗？

强势的首席执行官希望替换那些效率低下的成员，还有那些自行其是，有时甚至暗地里破坏团队其他成员的工作的危险成员。可问题在于，这些高管能否同时肩负起双重领导责任：一是他们自身的岗位职责；二是要求他们从组织角度来看待所有问题的团队工作职责。如果成员做不到这点，那么首席执行官就没有为团队挑选到合适的成员。事实上，入选高管团队的条件是十分严格的，它不是一种权力或特权，它应该满足团队取得成功的需要。

赋能条件

组建高管团队的3个赋能条件是：

1. 完善的结构。
2. 支持机制。
3. 团队教练。

这3个条件可以帮助团队充分利用必要条件所奠定的坚实基础。与必要条件一样，在一开始的时候，3个赋能条件不需要同时齐备，它们也可以随着团队越来越有经验、越来越成熟而逐步加强。即使如此，也最好在创建团队的时候就认真审视这些赋能条件，至少要确保不会给团队建设设置不必要的障碍。例如，我们来分析一下具备如下条件的组织：

- 现行规范（结构特点）鼓励高管以两个人或小帮派的形式私下做出真正的决策。
- 奖励机制（环境特点）导致高管为了各自的利益而直接相互竞争。
- 针对高管的绩效管理的相关建议（指导方面的特点）鼓励他们只关注本单位或本部门的利益。

在这样的环境中，高管团队取得成功的希望十分渺茫。尽管赋能条件的主要作用是帮助团队发挥出最大的潜能，但是一名睿智的首席执行官会采取措施，最大限度地消除上述对团队显然不利的环境因素，而且会尽最大努力为团队创造条件，以培育而不是削弱团队精神。

完善的结构

即便高管团队有明确的目标和清晰的边界，团队成员也常常很难弄清楚该一起做什么以及怎样做。为什么呢？因为团队缺乏确保成功所需的结构，可能是团队规模不合适，也可能是任务分配不合理或制定的团队规范不利于团队发展。

大多数高管团队都过于庞大，我们很少见到八九个成员及以上的团队能够成为真正的高管团队。当团队成员超过两位数的时候，实现真正的相互依赖、做出有意义的贡献和确保团队做出决策所需的空间往往就会缩小。我们见过的最高效的高管团队的规模一般都很小。

和团队规模一样，团队的任务也是越少越好。我们观察到，许多高管整天身陷毫无结果的会议中，处理着一个个微不足道的运营和管理问题。高效的首席执行官只给高管团队分配特定的任务，如那些涉及企业整体发展或在战略上具有重要意义的任务，然后让团队按计划去完成。这样做的结果多半是团队扎扎实实地去开展工作。

那么，团队应该怎样扎扎实实地开展工作呢？在杰出团队中，团队成员无论是在团队会议中还是在会议外，都恪守团队规范。这些规范不是让团队成员彼此一团和气，而是直接与团队成员合作完成共同任务的能力相关。例如，有些团队规定团队成员应在关键的活动中积极合作或共享相关信息，有的团队规定团队成员可以在团队会议上公开发表不同意见，或者规定团队成员应该认真倾听与自己不同的意见。

成功的高管团队的首席执行官一定要让团队成员用以整个企业的成功为出发点的高管视角来看待企业，而不要从本单位或本部门的视角来看待企业。

支持机制

我们惊讶地发现，在有些企业中，一线团队都能得到开展工作所需的信息、培训和基本物资，还可以因表现优异而获得团队奖励，但是高管团队反而常常资源严重不足。因此，必须确保表现优异的高管团队能够得到所需资源，而且他们作为团队所获得的奖励应该超过他们个人所获得的奖励，以此强调他们共同对企业成功有贡献这一事实。他们要能随时获得开展工作所需的信息资源、顾问资源和物质资源，包括为了有效合作共事所需的磨合时间。

杰出团队的领导者不会认为，无条件地确保团队能得到所有必需的资源，并以最高水平出色地完成工作，是对成员创造性和专业知识的贬低。

团队教练

最高效的团队在其成长、学习和壮大的过程中能够不断地得到指导，而且会进行自我学习和指导。团队成员向他们的领导者学习，向彼此学习，从经验中学习。他们会讨论如何有效地解决各种问题，并且常常回顾、审视自己的行为和决策，以找到改善团队运作方式的途径。

即使在我们合作过及研究过的最高效的团队中，团队的成长和进步在很大程度上都还不正规，还处于摸索中。他们的成长和进步如此难以捕捉，以至于外人也许都发现不了。如果你仔细观察就会发现，从团队领导者到团队成员，都是在不经意间很自然地相互指导，无论是在会议中还是会议外都是如此。他们常常在会议结束时用几分钟时间来讨论怎样做有效、怎样做无效。

实际上，我们发现，我们的样本团队中的每一名首席执行官都十分关注团队之外的事情，并在团队之外的事情和其他方面的事情上花费了极大的精力。只有杰出团队的领导者才既关注团队建设，又关注团队发展。

为团队创造条件

上述 6 个条件对任何类型的团队都是有益的，但是，高管团队与一线的生产、销售或服务团队有着显著的区别。正如你将会在本书中看到的，这些区别体现在两个非常重要的方面：一是在良好的团队设计和团队领导方式方面，创建和领导高管团队与创建和领导一线团队所面临的困难截然不同；二是在采取措施让良好的团队设计和团队领导方式与首席执行官的期望相一致方面，相对于一线团队的领导者，高管团队的领导者面临的挑战更大。

可喜的是，一旦你的团队具备了这些必要条件和赋能条件，那么团队建设很快就会有成效。如果你明天改进了团队的设计，那么你很可能在数月内就会看到团队效能得到显著提高。这其中更具挑战性的是，团队领导者要想为团队创造这些条件，那他的领导方式就要有所创新并能打破常规，但这是许多经验丰富、成就辉煌的团队领导者难以做到的。

贝维拉夸将其团队的成长过程描述成充满艰辛和挫折的“艰难之旅”。但是，他率先承认，其团队的成长过程非常重要而且令人满意，这不仅帮助他成为一名领导者，而且他的团队乃至他的公司最终都取得了长足的进步。实际上，如果不是他带领团队经过这样一次艰难之旅，他的公司也许仍然是一家小公司，而且是在联合利华体系中苦苦挣扎的一家小公司。

如果你正在准备构建高管团队，那么我们将为你提供机会，让你吸取其他公司在构建高管团队中的经验教训，并借鉴我们的研究成果。我们希望这样至少可以帮助你避免某些错误尝试。在后续章节中，我们会向你提供我们总结出的、为高管团队发挥效能创造必要条件的最佳路线图。我们将详细讲述一些高管团队的实际案例，他们在为团队创造这 6 个条件方面，有的（最终）做得非常好，有的则做得特别艰难。我们根据这 6 个条件选择了这些团队，并用他们的案例来说明如何创建杰出的高管团队。在本书所举案例中，出于保密原因，有些名字是虚构的。①

① 墨西哥国际航空公司、英美资源集团、Applebee、英国石油公司、花旗集团、戴姆勒-克莱斯勒公司、福沃运输公司、IBM、卡夫食品公司、美联集团、美孚石油新西兰公司、百事公司、人民快捷航空公司、飞利浦电子公司、路透社、罗氏诊断设备加拿大公司、Sainsbury、壳牌集团、标准普尔、时代华纳、联合利华，以及这些公司中受访的人员使用的都是真名，其他公司及其人员出于保密的原因使用的都是化名。

着手组建团队

最初建议贝维拉夸要更加关注打造正确高管团队的人是塞斯科，他的建议非常好。经过一年的战略调整，贝维拉夸对他的团队需要什么样的高管有了更加清晰的认识。他需要的高管应该坚定有力、领悟力强，乐于接受新的运营模式且愿意发表意见，还敢于公开表达自己的观点。贝维拉夸指出："我需要的是那些愿意成就这份事业的人，愿意在联合利华共同尝试一些新鲜事物的人，而且在联合利华，只要他们的所作所为与整个公司的目标一致，他们就可以自由地去发挥。"

想清楚成立高管团队的目的后，贝维拉夸开始了调整团队成员的艰难工作，他在半年之内调整了一半的团队成员。贝维拉夸强调，他让其中的6名公司高管退出了团队，不是因为他们的工作做得不好。他说："他们每个人都很出色，而且都实现了自己的目标。我之所以要求他们退出团队或离开公司，是因为他们不能或不愿以统一的方式合作共事。"

贝维拉夸在培养团队上倾注了大量时间。他用了一整个星期的时间专门与团队成员开会，会议的重点就是如何将这群新成员打造成高管团队，而他这一星期几乎没有关注公司战略或业务建设。他们不看数字、市场份额，也不看盈利和亏损，只关注团队可以做出而公司中其他实体不能做出的那些成就。

贝维拉夸在团队成员及团队目标方面所做的工作很快就对团队绩效产生了积极的影响。由于成立了新的团队，团队的目标也很明确，再加上有助于制订计划的准确数据，公司的发展势头越来越强劲。到了年底，饮食策划公司的业务增长了5%。这是非常可喜的表现，也是跨越式的市场增长，这仅仅是业务增长和公司业绩突飞猛进的开始，最终这支团队的业务成了整个联合利华发展最快的业务之一。塞斯科指出，饮食策划公司是一个典范，其他大型公司要想在未来取得成功，可以参考它们的做法。

明白了创建团队必须克服的困难后，贝维拉夸及其团队的创业故事简直可以用“克服重重困难”来形容。毕竟这是一支在不同文化背景、不同体制、不同战略、不同结构和不同领导风格的基础上诞生的团队，这家公司也是如此。

在不到 5 年的时间里，贝维拉夸及其所创建的团队取得了巨大的成功，他的公司也成了模范。那么，他们成功的秘诀是什么呢？贝维拉夸的团队与许多我们曾研究过和合作过的取得成功的高管团队一样，解决了我们前面归纳的那些必要条件和赋能条件：贝维拉夸认识到了创建真正的团队的必要性，而且创建了真正的团队；他选择了合适的人员加盟团队；为团队确定了富有感召力的目标；制订了相应的结构和准则，帮助团队有效发挥作用，并建立了支持团队工作的机制。

贝维拉夸及其团队的案例绝非个例，与我们合作的许多高管团队领导者都面临同样的挑战。由于没有明确的步骤可遵循，他们在创建团队时一半凭着感觉和运气，一半凭着知识和经验。这也是我们开展研究，并将我们的研究成果编写成书与大家分享的原因。

成功地创建和领导表现优异的团队绝非易事。在接下来的章节中，我们的目标是为你提供我们在团队建设方面获悉的新认识和情况，从而帮助你在面临上述挑战时成就伟大的高管团队。

Senior Leadership Teams

第一部分

打造高管团队的必要条件

▸ 第1章 ◂

真正的团队
相互依赖、有界、稳定

迈克·沃特斯（Mike Waters）是一家大型金融服务公司的首席执行官，他厌倦了冗长的会议、直接下属之间的钩心斗角和毫无干劲的工作状态，并考虑解散他的高管团队。他说："要想将我们这支团队协调在一起实在是太复杂了，也许解散这支混乱的团队，让我的下属一对一直接与我对接工作会更高效，毕竟他们都是各自领域的优秀带头人。"

弗兰克·福赛思（Frank Forsythe）是一家全球石油公司的首席执行官，他认为自己不需要团队，而且还坚决表示不希望有团队。福赛思是一名传统管理者，他是在一家按职能划分的公司中成长起来的，他认为高管团队对他自身的领导力是一种干扰和损害。在他看来，高管坐在一起开会非但不是在行使他们的领导职责，反而会给他带来麻烦。他说："我甚至不希望我的高管相互交流！"

沃特斯不需要团队，福赛思不希望有团队。两人并没有什么不寻常之处，他们只是愿意大声说出其他许多高管团队领导者的想法。但是，他们两个人都没有以正确的方式提出正确的问题。请试试以这种方式来提出问题：

这家公司需要一支真正的高管团队吗？如果考虑到公司战略、运营模式，以及我们在公司运行方式上所做的改变，那么仅有一群专注于自己负责领域业绩的聪明高管就足够了吗？或者说我们还需要其他条件吗？这里还有一个问题，也是本章需要你认真思考的核心问题：你具备领导一支由高管构成的团队的能力吗？

后续章节的内容大多是关于杰出高管团队的特征以及创建和支持团队的方法。但是，本章的内容主要与你有关，即你希望与你的高管开展怎样的合作，以及你应该为这些合作做好哪些准备。

你需要高管团队吗

对你的公司而言，比起与各负其责的单个高管合作，与高管团队合作能否更好地满足至关重要的业务需求？你的公司正处于快速发展阶段吗？你是否正在横向整合公司业务，是向上游还是下游的业务领域进军，还是两者同时进行？预计有大的资金支出吗？公司正迈入新的发展阶段吗？

如果你对上述任何一个问题的回答都是肯定的，那就说明你的公司运转的复杂程度高，公司需要解决财务、技术和人力资源等一系列问题。如果复杂程度日益提高，就需要将问题分析清楚，需要有开阔的知识面，并集思广益，还需要制订创造性的计划，在决策上兼顾方方面面。此时，你很可能需要一支团队。

货运巨头福沃运输公司的首席执行官布鲁斯·坎贝尔（Bruce Campbell）正在考虑改革公司，将辗转于装卸区的货车运输公司转变成全方位的运输公司，在主要集货点提供货物的取送服务。坎贝尔认识到这种公司战略的转移需要有更复杂的运营模式，需要更加专注于客户服务，也需要有更先进的信息技术。由于需要各部门之间高度协调，所以高管的工作不仅会变得更加复杂，而且彼此之间的相互依赖性也将急剧增强。

坎贝尔的习惯做法是每星期召开电话会议，与高管交流公司运营信息，但这种做法已经不足以解决公司扩张后出现的问题了。现在高管更需要作为一支团队面对面地开展工作，而且在一起时需要认真讨论一些问题。

坎贝尔最终决定成立高管团队，不过这并不是基于他对团队的探索，而是基于对公司新战略的认真审视和实施该战略的需要。事实上，他很不愿意成立团队，他曾用一句非常简短的话形容自己的感受："我厌恶开会。"但是最终，成立团队显而易见的必要性战胜了他不愿意管理团队的想法。

并不是每家公司都需要这样一支综合性的高管团队。实际上，如果你的公司本质上是一家控股公司，如果你管理的众多业务都相互独立、毫无关联，那么相比于将高管召集在一起的成本，或让高管离开各自的岗位去开会的机会成本，高管从相互交流中获得的收益就非常小了。

例如，IBM亚太区的蒂姆·肖内西（Tim Shaughnessy）经过慎重考虑认为，单一的高管团队不适合他们这种高度多样化的公司。他意识到，从本质上讲，他是在更大的公司中领导一家分权的控股公司。他所监管的业务高度自治，而且彼此之间差别很大。不是他不相信团队的有效性，相反，他知道在适当的情况下，为了达到适当的目的，团队是有效的。他选择不成立高管团队是为满足公司运行需要而做出的合理决策。如果你做出了一个类似的合理决策，而且施行新的公司运营模式时不需要高管之间进行密切互动，那我们建议你不要强制让高管加入决策团队。

有时，成立高管团队是必须的。我们其中一人对世界各地的专业交响乐团的高管做过研究。多数交响乐团都从事若干种业务，除了主流音乐会，还常常包括教育培训、社区宣传和流行音乐演出等。为了协调这些多种多样的活动，他们需要的就只是一支高管团队吗？

对于许多交响乐团而言，创建高管团队是一个相当大的转变。长久以来的传统做法是三名高管各负责一个方面的工作：音乐总监负责艺术事宜，董事会主席负责与社区联系并确保乐团的财务状况良好，执行董事负责乐团管理。在大多数交响乐团中，这三名高管各负其责，基本不插手他人的工作。例如，董事会主席不干预艺术事宜的决策，艺术总监也不参与财务方面的决策，这种管理方式通常被称为“交响乐团的三脚凳”，而协调这“三条腿”的工作就落到了执行董事的肩上，可是这项工作并非易事，他需要与其他两名高管以及其他方方面面的代表进行大量的一对一谈判。

执行董事是否应该成立一支至少由董事会主席和艺术总监组成的团队呢？也许还需要再补充几名乐团高管？这似乎是一个好主意，可以让高管的工作与乐团的总目标更加一致，也可以提高乐团管理的协调程度，且远远超过每名高管只关注自身职责时的水平。但是，如何设计这样一支团队呢？如何让还肩负许多其他职责的董事会主席自愿加入团队呢？或者，如果音乐总监作为精英，有着良好专业素质却不愿意在一支不受自己控制的团队中工作，那该怎么办？而且，音乐总监也许一年中只有 12 个星期在本地（只在排练和演出的时候在本地），那又该怎么办？

这些都是需要依靠个人的主观判断才能做出决定的问题。一支运转良好的高管团队可以让交响乐团产生难得一见的协调和协同效果。但是，传统的角色划分已经由来已久、根深蒂固，我们根本无法确保将团队设计得足以让成员有效合作。无论是在哪种情况下，做出正确选择的关键都在于要慎重做出决定，避免被传统的管理模式左右，或避免被“如果乐团所有高管同驾一架马车那一定很美好”的幻想左右。

你要自己决定是否真的需要一支高管团队，以及你能否设计出一支真正有用的团队，这对你的公司及其客户，以及你自己的职业生涯都非常重要。好在这种决定不是一次性的。尽管目前你的战略和运营模式与一群松散的个体领导者联盟更适配，但每当你想要对公司的运营模式做出较大的变革时，可能就需要成立高管团队。这些人可以是临时来为你出谋划策的；也可以作为一支团队保留下来，确保公司变革连贯一致，不偏离方向。在管理公司的过程中，他们可以作为也可以不作为一支团队来运作，这取决于运作过程中的相互依赖性。

例如，坎贝尔选择成立团队来承担相互依赖性非常强的工作，即领导福沃运输公司向综合性服务公司转型。实现转变的复杂性、实施过程中协调一致的必要性，以及各部门间不断增强的相互依赖性，都要求有一支高管团队。坎贝尔还必须面临这样的抉择：他是否继续领导这支相互依赖的高管团队，或者在转型成功后，他是否让他的高管重新回到各负其责的状态，仍然延续以往每星期召开一次电话会议来协调工作的做法。

你是否犹豫培育高管团队

你讨厌领导一支由高管组成的真正团队吗？有些领导者，如IBM的蒂姆·肖内西，他确实不需要成立高管团队。但是，也有许多领导者在寻求组织发展机遇的过程中，因组织运营模式而需要集体领导，但他们却还是对高管团队带来的种种优势视而不见。

我们仍以前面提到的福赛思和沃特斯这两名首席执行官为例。事实证明，福赛思并不像人们所说的那样专制，他在领导高管团队上缺乏经验，他所在公司的企业文化也不包含团队。在他以前的公司中，领导者也一直是相应部门的全权负责人。福赛思和其他许多高管一样，都无法理解团队的概念，也认识不到公司没有团队会面临何种危害。他之所以不希望成立团队，是因为他没有充分认识到相互依赖的高管团队能为公司做出什么样的贡献。如果你也同样迟疑不决，那么就和我们一起学习本章的内容，看看我们所描述的团队能否开阔你的思路。

同样，沃特斯也必须克服对高管团队的价值认识不到位的问题。沃特斯是一名进取心很强、成就非凡的高管，要他去领导一群和他同样出色的同事，似乎更有可能会带来麻烦而不是成就。和福赛思不同的是，沃特斯更反感成立高管团队的想法。他认为领导一支由高管组成的团队，需要花费过多的时间与团队成员打交道，需要考虑他们个人的工作安排，反而没有时间解决公司其他重要的事情。当他的团队终于开始集中精力解决重要问题时，团队成员却需要很长时间去达成共识或做出决定，还免不了喋喋不休的争论，甚至拉帮结派。一个成员挖苦说："我们的全部时间都在胡诌乱扯，即使能谈点实事也很少。"所以，沃特斯厌恶这样的"团队协作"，这也是可以理解的。

毫无疑问，由高管组成的团队固执苛刻，而且常常争论不休。许多聪明的领导者认识到，如果将他们的高管组成一个统一的、有权力的机构，那么一旦团队成员有这样的倾向，就会对他们自身的权力构成直接威胁。和沃特斯一样，你可能也会犹豫是否要冒险培育这样的强大力量。

福赛思和沃特斯对高管团队的价值都持怀疑态度。福赛思会怀疑是因为他不清楚高管团队的作用，沃特斯会怀疑则是因为他不愿意尝试去领导一个他认为会带来危险的实体组织。但是，有时因疑虑付出的代价和创建一支真正的高管团队的成本一样大。缺乏高管团队协作的公司每年因丧失机遇而造成的损失多达数百万美元。如果没有各部门高管间的合作，你能实现兼并吗？在你打算更改资源配置、更替管理层或对共享服务实施变革时，如果没有业务部门高管的理解、支持和彼此之间的讨论，你能在整个公司实施战略重点的转变吗？有些领导者希望必要的协调可以以某种方式实现而不必成立专门负责协调工作的高管团队，但这种希望大多数情况下都会落空。

让我们借助一个著名的例子来看看高管团队是如何发挥作用的。20 世纪 90 年代初，计算机巨头 IBM 似乎陷入了业绩急速下滑的困境，不仅客户丢失、收入减少，而且在计算机市场中也开始迷失方向，原因就在于无法解决领导力问题。几年后，郭士纳提出了综合管理的方法，帮助 IBM 以业界领袖的形象重新崛起于计算机界。

在郭士纳任期内，IBM 从一头笨拙的巨兽转型成了一家更灵活、更扁平化、面向客户且充满活力的公司。这个转变过程包括废除旧的条块分割式管理模式，因为这已经成为公司在快速变化的全球环境中有效开展业务的障碍，其中起到关键作用的就是郭士纳创建的高管团队。

郭士纳首先解散了长久以来的 6 人管理委员会，这个委员会掌握着公司的重大决策权。

长期以来，6 人管理委员会一直是公司行政部门和业务部门高管走过场般行使决策权的场所，而决策其实已经在幕后完成。相形之下，郭士纳希望能有一支团队与他讨论涉及多个部门的政策问题，于是他创建了公司执行委员会。以前管理委员会拥有的解决运营问题的决策权，现在则移交给了每个业务部门。公司执行委员会负责解决涉及整个公司的问题。同时，为了实现业务部门间的沟通和协作，新任首席执行官成立了一个由 35 个成员组成的全球管理委员会，目的是讨论决策效果和公司范围内的举措，并分享想法。

这个委员会其实就是一支信息共享的高管团队，是对公司执行委员会决策职能的完善。

根据 IBM 不断变化的战略、结构和任务，郭士纳解散了旧而无用且阻碍公司发展的传统组织，取而代之的是两支而不是一支高管团队，而且每支团队在推动公司向前发展的过程中应该扮演的角色都清晰而明确。

高管团队的 4 种类型

为了更深入地探讨创建真正的高管团队的可能性，我们来思考这样一个实际问题：如果你有一支高管团队，你会用它来做什么？在前面的例子中，你已经看到团队成员发挥的作用是多种多样的：交流复杂的信息、就战略的转变为首席执行官出谋划策、协调运营模式的转变、进行激烈的讨论以及做出影响公司的决策。

我们的研究结果表明，高管团队主要有 4 类，而且每类发挥的作用都截然不同。我们称这 4 类团队分别为资讯型团队、顾问型团队、协调型团队和决策型团队。在后续章节中，我们将介绍这 4 类团队发挥的作用，并提出一个问题：哪类团队能更好地满足你的组织在领导力方面的需要？

Senior Leadership Teams
高效贴士

高管团队的 4 种类型：

1. 资讯型团队。
2. 顾问型团队。
3. 协调型团队。
4. 决策型团队。

资讯型团队

资讯型团队分享组织各个业务领域的信息，并收集对组织其他方面可能有用的外部情报。他们还集中在一起听取首席执行官提出的组织发展方向和计划。资讯型团队可以让各方的观点达成一致，这对于统一组织中各个成员及各个部门的认识十分必要。成立这类团队的目的，就是让每名高管掌握更多的信息、更加协调一致以及更出色地完成本职工作。

例如，大多数首席执行官会召集其直接下属一起共享生产数据、销售数据等重要信息。你也许可以成立一支资讯型团队，在“星期一早上的电话会议”上开展团队工作，高管做损益报告，职能部门负责人共享信息并提供最新情报。你还可以将这种做法再推进一步，定期召开由组织中许多高管参加的面对面会议，会议基本上采取相同的模式并扩大讨论范围。

归根结底，如果你成立团队仅仅是为了召开面对面的信息沟通会议，那么这支团队就要发挥三重作用，即听取你的意见、为你简要介绍情况和向其他高管汇报组织及其环境的重要发展情况。在这样的团队中，成员之间的相互依赖性不强，很少需要额外的互动以履行职责。资讯型团队是高管团队中最基本的类型，它不需要大幅调整你和你的高管之间的交流方式。但是要想让它有效地发挥作用，需要满足两个主要条件：一是将团队的目标表述清楚（见第2章）；二是为交流信息提供适当的环境和结构（见第4章）。

顾问型团队

要想组建一支顾问型团队，你也许可以定期召集一群高管，一起就你必须做出的重大决策展开讨论，比如如何应对市场变化、潜在的收购业务和其他涉及整个组织的问题，并让他们为你出谋划策。顾问型团队不做决策，只在你做出决策之前提供必要的信息，并作为一个参谋机构对相关问题展开讨论。

顾问型团队的目的是帮助首席执行官掌握更多的信息，以便更有效地开展工作。例如，首席执行官常常在董事会召开会议之前或在分析师会议之前召集顾问型团队开会，这样他就能掌握必要的情况，并更好地回答预计可能出现的问题。

与资讯型团队相比，顾问型团队就主要问题展开积极讨论，让每个成员有机会相互学习，同时也让首席执行官有机会获得启发。顾问型团队还促进了成员之间的信息交流，而不仅仅是你和成员之间的信息交流。因此，顾问型团队还起到了纯粹的资讯型团队主要应该发挥的统一认识的作用。管理顾问型团队难于管理资讯型团队。除了团队的目标要清晰明确外，顾问型团队还要求对团队的成员构成（见第 3 章）和团队成员的合作（见第 4 章至 6 章）给予格外的关注。

协调型团队

你也有可能需要一支协调型团队，其成员在实施具有重要战略意义的计划的过程中，共同协调他们的管理活动。例如，某航空公司的高管团队可能会聚在一起，共同完成向新的国家开通航线的任务。这需要在设施、物流、营销、销售、合作伙伴以及政府事务部门等方面进行协调，而这些方面通常都是相对独立运行的。坎贝尔在领导福沃运输公司进行转型的过程中，评估了新战略日益增强的相互依赖性和复杂性后，确定他需要成立一支协调型团队来管理公司，以确保公司顺利向提供综合服务转型。

协调型团队的作用是管理公司运营的相互依赖性。协调型团队的成员间有很强的相互依赖性，有共同的责任，且必须经常而灵活地在一起工作来实现共同的目标。

协调型团队还可以发挥信息交流和提供咨询的作用。并不是所有协调型团队中的高管都是首席执行官的顾问，你也可以选择少数精英来发挥顾问的作用，或者在核心协调型团队之外增加更多的管理小组，进行更广泛的信息交流会议，这种会议通常每年举行 1 ～ 4 次。但是，随着复杂计划的部署和展开，协调型团队成员之间要加强沟通，相互学习，并展开热烈的讨论，因此创建协调型团队必须特别重视我们在本书中所描述的团队设计和团队领导力。只是建立一支“覆盖全面”的团队，就希望让不协调的组织部门变得有序和高效是不够的。创建和支持能够高效率地协调组织活动的团队，需要有专门的、出色的领导者。

决策型团队

顾名思义，决策型团队就是做出少数对整个组织非常重要的关键决策的团队。在我们所描述的团队中，导致高管间的权力机制发生重大变化的就是决策型团队，这种类型的高管团队并不参与“委员会领导”。即便是高层决策型团队，也依然是你的团队，它直接从你那里获得对某些问题的决策权。

在创建决策型团队时，如果你是想创建一支杰出团队，而不是一支起内讧、无法做出决策的团队，那么就必须密切关注你的领导过程。你需要阐明团队的目标，需要让合适的人进入团队并让不合适的人退出。你需要建立一种完善的结构以支撑有效的合作，还必须为团队成员提供必要的支持机制和引导，保障他们有优秀的表现。对影响组织的问题做出决策的有效高管团队是最复杂的高管团队，也可能是最有价值的高管团队。

创建正确的团队类型

4 种类型的团队并不互相排斥。实际上，我们所研究的大部分组织都有一种以上的高管团队在同时运转。一种常见的配置是有一支核心的决策型团队，同时还有一支协调型团队。决策型团队负责处理对组织影响重大的问题；协调型团队中通常也包括决策型团队的成员，这类团队，负责监督和管理组织重大计划的执行情况。这两支团队常常与下层的运营团队相联系，提出需要高管给予关注的、涉及整个组织的问题。而且，这两支团队的成员还常常是一个更大的高管群体的一部分。这个更大的高管群体由组织方方面面的高管构成，他们偶尔为了统一组织思想而聚在一起。因此，组建决策型团队还常常牵扯到组建其他团队，每支团队的宗旨截然不同但又相互关联，而且各有各的信息渠道和协调渠道。

例如，英美资源集团贱金属部的首席执行官布赖恩·比米什（Brian Beamish）决定创建三支团队：核心决策团队、协调团队和规模更大的信息交流团队。该部门制定了一个增长战略，以满足印度和中国日益增长的金属消耗需求，以及随之日益增长的开采需求。

原本被称为管理委员会的高管团队已经扩大到了 14 人，由遍及全球的 4 个级别的人员组成，包括高管、代表处人员、职能部门人员和业务部门人员。几乎所有成员都认为委员会效率低下。由于高管团队规模庞大，成员间几乎没有讨论的空间，而且它也没有做出什么重大决策。

因此，比米什的前任决定采取措施，着手改组这支庞大的团队，而比米什在成为首席执行官后最终完成了改组。比米什将高管分成了三支分工明确的团队：执行委员会、管理委员会和协调团队。执行委员会是由 4 个人组成的决策团队，负责处理涉及整个集团的问题。管理委员会主要负责协调集团运作和监督部门方案的执行情况。协调团队由40名高管组成，这些高管要参与各个部门之间的信息交流。协调团队成员包括执行委员会和管理委员会的成员，以及勘探、研发等主要部门的高管。这支信息交流团队每12～18个月召开一次会议。执行委员会成员中也有管理委员会的成员。如此人员交叉重叠设置，可以帮助决策团队的成员掌握其下属若干层的高管所需和所想的第一手资料。这三支团队并行运行，各自有着明确的责任，而且成员设置交叉重叠，为团队之间提供了必要的联系。

在我们研究的所有团队类型中，资讯型团队需要的关注程度和设计精心程度最低，只要明确了团队的目标，有一定的组织架构，并将高管召集在一起分享必要的信息，使整个组织达成共识就可以了。在引言中，贝维拉夸就是以这种方式将他的46名高管召集在一起的。在那一个星期里，他很从容，只需要制订一份很好的计划，而不需要在团队成员的构成上或明确团队成员的相互依赖关系上煞费苦心。这46名高管尽管不做战略决策，但他们参与重大的战略讨论，其最终目的是为贝维拉夸及其核心团队提供决策参考，并为在新战略上达成共识奠定一个良好基础。

但是，我们必须提醒的是，正如比米什认识到的，以信息共享为目的建立起来的是庞大的、结构松散的、不稳定的高管团队，如果不从根本上加以重新设计，形成新的团队，那就不能用于企业级决策。如果你成立高管团队的目的就是提供信息，那么你就在实际上增强了他们在领导企业过程中的相互依赖性。

相比之下，我们已经看到很多高管团队仅仅是纯粹的信息交流团队，但是我们还从未见过纯粹发挥决策职能的团队。决策型团队可以在不同的时间发挥4类团队中任意一类的作用。如果你选择创建的是决策型团队，那它也可以作为执行核心方案的协调型团队，还可以作为帮助你做决策的顾问型团队，甚至可以作为组织信息交流和学习的资讯型团队。

我们并不是建议你放弃星期一早上的电话会议。相反，我们建议你在创建决策型团队的时候，创建一个能为组织提供多方面服务的机构。在团队成员共同做出影响整个组织的决策时，他们也应该更加清楚自己什么时候应该是一支顾问型团队，什么时候应该仅仅交流信息，什么时候应该相互协调与配合，甚至什么时候不必按照团队的方式运作。要想创建一支灵活机动的高管团队，首先必须为它创造成为一支有效的决策型团队所必须具备的条件。

资讯型、顾问型或者协调型高管团队也没什么不当之处，每一类团队都有各自的作用。但是，组织领导者常常需要和期望从这些类型的团队中得到更多。是的，首席执行官仍需要掌握重要信息并与其他高管分享自己的见解，这在一般的团队中是比较容易实现的。但是，首席执行官还需要在解决重要问题、做出重大决策，以及制定和实施战略的过程中得到帮助。简而言之，首席执行官需要由高管构成的团队为他提供动力，利用他们集体的智慧推动组织向前发展。首席执行官所需要的正是我们所说的真正的团队。

你需要一支真正的团队吗？请参阅表 1-1 中的自我测试。

表1-1　自我测试：你需要高管团队吗？

第一部分：你的组织怎么了？	第二部分：你需要团队成员协同发挥什么样的管理职能？
□ 快速增长或快速萎缩	□ 为了达成共识而在高管间进行信息交流
□ 横向整合半自主单位	□ 为你做出战略决策或复杂决策出谋划策
□ 资金或其他资源发生重大变化	□ 协调重大变革方案或多方行动
□ 传统的运营方式受到外来方式的挑战	□ 就至关重要的组织问题做出决策
如果上述选项都不适用，那你可能并不需要一支高管团队	如果上述选项适用于你的只有两项或不足两项，那你可能并不需要一支高管团队

让高管共同发挥领导作用

在深思何为一支真正的高管团队的过程中，你也许会担心一群有才干、有主见的人一旦聚在一起就会失去控制。这种风险是存在的，但是情况不一定必然如此。我们不是想让你被“惊马”拖倒，相反，如果你决定成立一支高管团队，那我们可以告诉你如何驯服这匹“惊马”，不让它失控。

我们先看看一支真正的高管团队是如何运作的。我们研究过的一个案例可能会帮你看到高管团队的积极潜力。该案例中，一支团队刚开始创建时苦苦挣扎，但随着时间的推移它最终成了一支出色的团队。我们用了大约 4 个月的时间对这支团队进行了彻底的研究。

从某些角度而言，这支高管团队可以说是一支资讯型团队。如果你对一次会议的情况进行深入思考，就会发现团队成员交换了意见和数据。有的时候你还会发现团队成员向团队领导者汇报他将要向公司执行委员会提交的问题，等到推行新的方案时，团队又变成了一支协调型团队。

但是，这支团队不是只交换信息，成员们也就重大问题展开热烈讨论。每个成员都在平等的基础上发表意见，在讨论预算问题时并不完全听从首席财务官的意见，在讨论新产品推出战略时也不完全听从营销部高管的意见，他们每个人都会提出自己的意见和问题。在讨论部门的重大战略和业务规划时，这些成员就是可供利用的资源，他们的特长和专长可以帮助团队应对和分析业务挑战，并给首席执行官提出有建设性的建议。

如果有成员缺席，情形并不会像我们在许多效率低下的团队中看到的那样。其他成员不会认为做出决策需要克服的障碍因此减少了，也不会认为自己中意的方案获得批准或资助的机会增加了。相反，其他成员会主动替代缺席成员，在讨论问题的时候，从缺席成员以及自己的双重角度来进行思考。

讨论问题是团队工作的一部分。在某些时候，根据不同的问题，团队需要达成共识并做出决策。通常情况下，经过团队讨论后，做出决定的是首席执行官，但是有些决策是由团队集体做出的。例如，尽管团队成员个人肩负着安排自己所分管的部门和业务领域的工作并为其制定发展战略的责任，但是批准这些工作安排和发展战略的责任却在团队。这样做的结果是，对某一个业务领域有利的决策不是以牺牲公司整体利益为代价的，而且团队成员共同承担公司实现利润和增长目标的责任。这样的团队在做出决策时，无论其内部的分歧有多大，最终决定都是集体做出的，是团队的决定，团队之外的人无法知道谁持反对意见。由于所有成员都参与了决策，因此团队决策能够得到落实。

还有一点能够表明这支团队与其他团队的不同，即团队在会议结束后不会不复存在。在这支团队之下，还成立了一些下属团队来解决具体问题，就如同根据风向变化而形成或重塑的沙丘一样。这些下属团队共同完成由主要任务分解而成的一项项次要任务，然后再合并成为一支完整的团队。成立下属团队解决具体问题的优势，不仅在于他们有能力利用丰富的管理经验迅速解决公司中的紧迫问题，而且还在于他们有权力解决那些非常重要但又常常被忽视的相互依赖的问题，而这些问题恰好是正式的组织结构无法涵盖的。

真正的高管团队具备 3 个本质特征

前面我们描述的团队已经成为真正的团队，但是有些团队却永远无法表现得像真正的团队。如果你要创建上述任何一种类型的团队，那你需要为团队合作创造条件。我们的研究表明，真正的团队之所以有别于乌合之众，在于其领导者将团队看作一个整体并且使之具备了 3 个本质特征。真正的高管团队应该是团队成员相互依赖、团队边界清晰，而且团队构成能随着时间的流逝变得相当稳定的团队。

Senior Leadership Teams
高效贴士

真正的高管团队具备 3 个本质特征：

1. 相互依赖性。
2. 有界性。
3. 稳定性。

相互依赖性。在高效的高管团队中，团队成员共同承担实现集体目标的责任。虽然每个成员都有各自的职责，但是他们相互合作、相互依赖，利用彼此的经验、精力和专业知识来实现共同的组织目标。

有界性。真正的高管团队边界清晰，团队成员以及旁观者很清楚某个人是或不是团队成员。

稳定性。真正的团队，其成员构成在相当长的时间内保持稳定，以便成员之间能够相互了解彼此的优缺点，并学会作为一支团队合作共事。

一支成员相互依赖、边界清晰、成员稳定的团队才是真正的团队。团队领导者，也就是首席执行官，掌握着确定团队目标、塑造核心规范和赋予团队其他管理职能的权力。就此而言，对于团队专家乔恩·卡岑巴赫（Jon Katzenbach）关于如何让一群高管组成的团队成为真正的团队的观点，我们不敢苟同。卡岑巴赫的经验法则之一是，如果你瞥一眼团队成员在房间开会的情况，那你看不出谁是团队领导者。可是我们从未见过这样的团队，相反，我们与高管团队合作的经历告诉我们，在团队中保留领导者的地位，并不一定会阻碍团队发挥效能。这其中的关键在于首席执行官如何扮演非常重要的高管团队领导者的角色，我们将在本书的其他章节探讨这个问题。归根结底，如果你的高管团队边界清晰、成员稳定，而且在组织的重要业务中真正地相互依赖，那么你就建立了真正的团队。

这 3 个特征不仅密切相关，而且还是让团队具备我们的研究所揭示的其他条件的至关重要的前提。在治理团队和让团队步入富有成效的轨道的过程中，创建一支真正的团队只是第一步。如图 1-1 所示，与表现优异的团队相比，我们的研究中表现差的团队不仅相互依赖性差，而且边界模糊、成员不稳定。回想一下我们根据对利益相关者服务的好坏和团队、个人发展情况的好坏这两个标准对每支团队的评价，结果显示，最差的团队在这两项标准上的得分都不及格，只得了 1 分或 2 分（满分为 5 分）。

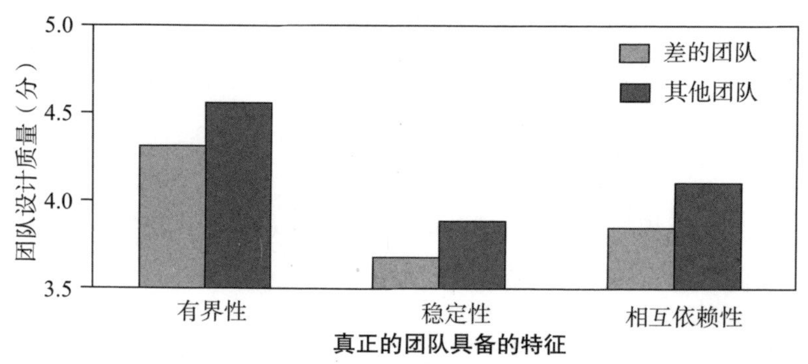

图 1-1　表现差的高管团队不是真正的团队

影响这些团队绩效的最重要因素是缺少使之成为真正的团队应该具备的 3 个本质特征。在这些团队中，其成员被要求做的工作不包含非常重要的思想和资源的交流，最常见的情形是，成员仅仅是听听彼此做的演讲和最新情况介绍。在表现差的团队中，团队成员频繁变动，因为组织或者团队中处于领导地位的人频繁变动。当高管团队开会的时候，团队成员无从知道团队实际上由哪些人组成，也无从知道来开会的人中哪些是旁听的。我们发现，这样的团队根本无法满足客户的要求，也无法发展成为一支真正的团队。总之，这样的团队就不是真正的团队。下面我们介绍如何创建真正的团队。

相互依赖性：必须考虑大局利益

在成员相互依赖的团队中，成员间彼此合作消除争议、解决问题、提出建议并做出集体决策。为了让团队成员之间具有相互依赖性，团队领导者必须坚持团队成员在做出集体决策时代表的应该是整个组织的利益，而不是其部门利益或者分管领域的利益。例如，你也许会强迫不同区域、部门、生产线的高管一起工作，以确定哪些区域和生产线最需要投资。你希望每个人都关注自己的领域，但是你也要强迫他们考虑大局利益。最终，我们会看到，成员相互依赖的团队以对整个组织最有利为依据做出决策，即使这样的决策会让他们分管的领域遭受损失。

团队成员在重大决策中有发言权，他们之间就会有依赖性。不仅如此，真正的团队即便是在处理简单任务时，也富有集体意识。你也许像我们观察到的一些领导者一样，要求你的团队成员不仅在会议上要共享信息，而且在会议之外还要主动地、有意识地向同事提供有益的信息。这种形式的相互依赖带来的好处是，团队成员渐渐开始相互学习和指导，从而使每名高管的能力得到增强、知识面得到拓宽、高管团队的技能得到提高。有些团队的任务包括收购、分析和利用知识与信息解决复杂问题，对这些团队而言，同事之间的相互指导反过来又是影响团队效能的最大因素之一。

与由一群高管组成的名义上的团队相比，成员相互依赖的高管团队可以为管理组织提供更强大的平台。由于衡量的标准主要是企业级的，因此团队成员对组织战略和业务目标的理解是高层次的，而且他们可以集体应对重要的战术问题，例如完成和整合新的收购等，这些战术问题要求所有成员及时提出意见，并进行严肃的辩论和互动。因此，我们见过的最杰出的高管团队胜在处理事务时强大的影响力，而不是处理事务的多少。

在真正的团队具备的3个特征中，相互依赖性也许是高管团队最难以具备的。确定团队成员之间的相互依赖性与打造团队目标密切相连。通常，确定团队目标的最佳方法之一就是探索真正的相互依赖性体现在哪里，以及在哪里可以将这些依赖性有效地建立起来。明确团队的目标有助于首席执行官及其高管团队认清其他高管间的相互依赖性，也有助于从高管团队的议程中去除那些由组织中其他部门或团队来处理效果可能更好的事项。相互依赖性的形成是一个循序渐进的过程，它本身就与团队的核心目标相互关联。

有界性：团队到底包括哪些人

几乎每支与我们合作的团队都认为他们的团队界限分明。但是，令人惊讶的是，当问及他们团队都由哪些人构成时，我们研究的团队中能够给出一致答案的不足7%。对团队构成的感知与现实情况之间存在差异这一现象如此普遍，已经成了我们和一支新的团队合作时必须首先解决的问题之一。

为了探究这个问题，我们给团队领导者及其成员提的问题就再简单不过了，那就是“高管团队成员都有哪些人”。我们得到的答案五花八门，令人诧异。在一个组织中，我们得到的答案从10人到30人不等，甚至还有回答30多人的。当墨西哥国际航空公司前首席执行官阿图罗·巴拉奥纳（Arturo Barahona）先生得知他的团队成员认为该团队有11个成员（实际上只有9个成员）时，他目瞪口呆。他抱怨说：“我的天啊，如果我们不能解决这个问题，那还怎么领导整支团队！”

为了用实例说明在团队边界问题上存在模糊认识的现象多么普遍，我们在表 1–2 中给出了两份报告，这两份报告都来自我们研究的两支团队。对每支团队，我们都首先请首席执行官提供一份团队成员名单，其次由团队成员填写调查表，在此基础上我们再按照首席执行官提供的人员名单逐一询问他们团队由多少人构成，同时还询问他们是否同意我们在评估团队边界问题时提出一整套问题，例如，每个了解这支团队的人实际上都可以说出成员的名字吗？尽管我们研究的每一支团队都表示他们的成员构成非常明确（平均分 4.83 分，满分 5 分），但是他们对团队成员数量的估算却可谓五花八门，如表 1–2 所示。高管团队对团队边界的认识是模糊的，完全是一种猜想状态。他们自以为清楚谁是团队成员，但是实际上他们对此却完全不知。

表1–2 两支高管团队及其构成

团队甲	团队乙
团队实际规模 （首席执行官提供）	团队实际规模 （首席执行官提供）
11	5
团队规模估算 （团队成员提供）	团队规模估算 （团队成员提供）
13，12，11，11，7，12，12，24，11，15，84	5，5，7，8，9

这样的例子在我们的研究中并不少见。我们研究的团队中，只有 11 支团队对高管团队成员构成的认识是完全一致的。

如此混乱的状况通常是在执行过程中造成的。以墨西哥国际航空公司首席执行官巴拉奥纳的前任为例，他和许多领导者一样有两名内部顾问，这两名顾问定期旁听高管团队会议。由于他们总是出现在会议上，许多团队成员都认为他们也是团队的一部分。他们为什么不是团队的成员呢？团队领导者从来没有说过他们不是啊。

巴拉奥纳很快发现，与其说庞杂模糊的高管团队带来的是问题感知上的差别，倒不如说是麻烦。虽然这是一个艰难的决定，但是巴拉奥纳还是很明智地通知那两个人今后不必再参加会议了，他迅速明确了团队边界。

如果你不能做到让团队的边界清晰明确，那么你的团队就无法作为一个集体得到认同，而这恰好是团队作为一个整体与外部客户合作所必需的。团队的类型以及团队所能发挥的作用，无论是做出决策还是提供咨询，都是由团队的成员构成所决定的。当团队的成员构成发生变化时，团队所能发挥的作用以及团队成员对团队目标的理解也会随之发生变化。

我们的两名同事后来对上述认识又有了再次体会。他们成了一支小型高管团队的成员，该团队的任务是为某高等教育机构制定独特的研究和教学重点。在第一次小组会议上，团队成员提出了一种令大家群情振奋的概括重点的方式，这种方式简洁明了而且观点明确。可是，在召开第二次会议时，会议上出现了两个新面孔，而原有的两个成员缺席。新的成员对重点的论述方式提出了补充意见和限制条件。到了第三次会议的时候，团队构成又发生了变化，文稿草案也变得面目全非。

最终，该团队提交了一份人人都接受的文稿，然而却毫无新意，而且如果不是团队边界始终处于变化之中，那该文稿也许早就起草完毕了。这个例子说明，使团队边界清晰明确应列为我们的必备事项之首：如果团队的成员构成不明确或者总在改变，那就几乎不可能创建和维持一支能精确地实现其目标、协调成员工作或做出决策的真正的团队。

请注意，如果你的团队发挥的作用就是提供资讯或者共享信息，那团队的边界可以是不清晰的。在这种情况下，团队的作用是发挥每个人的效能，既包括团队领导者也包括团队成员。你选择让哪些人来参加会议，从而为你提供资讯或者相互交换信息，可以根据具体情况而定，团队成员的变化不会对达到上述目的造成严重的影响。团队的目标清晰明确而且有相对稳定的结构，在这种情况下，顾问型团队和资讯型团队就可以不受边界模糊的影响，依然提出很好的建议以及进行很好的信息交流。但是，如果你的高管团队是以协调工作或做出决策为目的，那么就必须边界清晰，只有这样才能使团队形成一个整体，并在共同的目标上达成共识，这是应对繁重的协作任务的前提。如果团队还需要听取其他人的意见或还需要其他的资源，那么可以邀请他人以特邀成员的身份参加，但是其特邀身份必须明确，而且特邀成员只是为了某种特定的目的而临时参与团队工作的。

具有讽刺意味的是，团队边界问题往往源于对团队寄予厚望的首席执行官。领导者由于不想让人觉得他冷酷无情、难以接近或反复无常，所以就会在团队成员的构成问题上犯错误。加入高管团队意味着获得了很高的地位，为什么要无谓地伤害他人的感情呢？但是很遗憾，明确团队边界往往需要就“谁加入团队、谁不加入团队”进行一些痛苦又艰难的谈话。

首席执行官还常常犯这样的错误，他们把在组织中的地位或头衔当作获得团队成员身份的通行证。他们按照正式组织的结构来构建团队，那么谁应该是团队的最高领导者呢？是比首席执行官低一级或最多低两级的人员吗？这就是他们组成的团队，但是获得团队成员身份不是为了获得某种地位，不是为了构建某种等级制度，也不是为了显示出某种包容性，所以它不应该是一种基于职责或职位的权利分配。相反，你应该根据团队要达成的目标来选择最理想、最合适的成员。

所以，扪心自问，你们的团队有哪些人？如果你也向你名单中的人提出同样的问题，那你会得到同样的答案吗？我们有证据表明不会。在组建团队或重新构建团队时，你可能需要明确团队边界。

稳定性：学习合作的时间

如果团队成员在一段时间内不稳定，那么一群人就无法成为一支团队。团队成员需要有足够的时间来共同完成重要的工作，最重要的是，他们需要有足够的时间来学习如何有效地合作。在按季度、高管任期、有时按月衡量绩效的高管团队中，团队构成保持长期稳定十分罕见。以美国为例，部门级的团队，其成员可能只能保持两三年不变，因为他们可能会在两三年后获得晋升或被调至另外一个业务部门。美国许多行业的首席执行官任期也在持续缩短。尽管在其他的国家和文化背景中，如亚洲和一部分欧洲国家，团队成员更稳定一些，往往常年保持不变，但他们依然会受到某些跨国组织呈爆炸式增长的挖人才的威胁。

杰出高管团队的领导者能认识到稳定性的重要性，并利用他们的权力和政治谋略将团队不稳定的破坏性影响降至最小。高管明白，调整一支成员已经学会如何合作共事的稳定团队的成员构成，会付出什么样的代价。他们认识到盲目调整团队成员给高管团队带来的破坏性影响，就如同频繁调整一支专业运动队的成员给运动队带来的影响一样，特别是当成员调整涉及新的大牌人物时。

例如，有名首席执行官将某团队成员必要的责任调整，推迟到了高管团队完成新企业收购的协调任务之后。还有名首席执行官将某团队成员应该调任独立业务单位高管的任命，暂时推迟到团队有了新的合适人员为止。这些首席执行官认识到，成员个人的需要和机遇与高管团队的需要之间始终存在着矛盾，他们懂得了在特定阶段，满足后者的需要有时比满足前者的更为重要。

当团队不可能实现真正的稳定时，你所能尽到的最大努力也许就是控制高管团队内在的不稳定性。我们的研究表明，始终关注从成员选拔到成员间的交往，再到成员离队这个完整的成员变化过程，可以在某种程度上减少因团队成员频繁变动给团队发展带来的破坏性影响。

我们了解到，有计划地进入和退出团队与团队长期不稳定是不同的，而且团队有计划的变动是可以控制的，因此有计划的团队成员变动对团队发展是有益的。我们的一个同事用“茶道”一词来形容离队仪式，它们可以帮助团队适应成员构成的变化。精心安排的新成员进入团队的仪式，常常被称为“就职”仪式，它可以极大地缩短新成员融入团队所需的时间，从而使团队更快地受益于新成员带来的新观点。

团队绩效越佳，成员行为越规范

如果你不能让团队成员之间产生相互依赖性，如果你任由团队边界模糊不清，或者如果你在团队每次召开会议时都出人意料地调整团队成员，那你认为会出现什么样的结果？忽视这三个本质特征的后果是显而易见的。团队建设缺少这三个本质特征的时候，团队成员往往认为团队会议无关紧要，是令人厌烦的、麻烦的会议，他们会采取另派他人参加或干脆不参加的方式逃避会议。随着会议的拖延，有些参会者会变成举手机器，他们会默默地对什么都举手表示同意，开会时百无聊赖，总是盼着会议早点结束，还会偷偷地查看手机上的返程航班信息。

在这些名义上的团队中，其成员一般都各行其是，因此每次会议中他们关注的都是个人的职责，他们有时也可能串通起来表现出一些糟糕的团队行为。例如，我们曾见过不止一支高管团队有过这样的情况，他们的成员在会前就共谋好提前离会的策略，这样就没有人成为唯一在会议预定结束时间前离开的人了。如此一来，团队领导者常常就是孤独的召集者，或者悲哀地说，是孤独的执行者。

如果你仔细观察一支真正的团队，那你就会发现他们的行为完全不同。表 1-3 给出了作为一支真正的高管团队的成员的感受。你觉得你的团队更像哪一支呢？在现场你肯定会目睹激烈的争论和热烈的对话，但你很少会看到愤怒情绪和讨论时的滑稽表情，而愤怒情绪和滑稽表情会让低效团队无法达成会议目的；因厌倦而变成举手机器的情形也很少见。团队成员都认为参加会议是务实而有意义的工作，都想方设法去参加。如果他们实在因故无法参加会议，那他们也不担心是否需要派人参加，因为他们知道其他成员会公正地表达出他们的意见。这种相互依赖感不会随着会议的结束而变淡，相反，团队领导者和成员会继续合作，相互听取意见，寻求彼此的支持并相互负责。

表1-3　针对团队：作为一支真正的高管团队的成员的感受

	名义上的团队	真正的高管团队
会议期间	·会议和你的实际工作无关 ·你“应该”参加 ·你绞尽脑汁另派他人参加 ·你等不到会议结束就离开	·这是真正的工作 ·你希望参加 ·如果你没有参加会议，那你仍相信团队成员会表达出你的意见 ·你觉得有收获而且心潮澎湃
会议之间	·和同仁没什么联系 ·与同仁沆瀣一气或避免接触同仁 ·依赖领导者来协调	·与其他同仁一起解决问题 ·共同承担团队的责任 ·自我协调工作

创建团队时的 3 个注意事项

假如你仍然在与我们一起探讨高管团队的问题，那我们相信你认为自己也许需要一支团队。这里有必要再问一次：你真的需要一支团队来帮助你带领组织向前发展吗？

的确，也许你需要一支团队，却因为没有团队而付出沉重的代价，但是有团队也是有代价的，而且这些代价是显而易见的。在传统的对高管一对一的领导方式中，你与每名高管之间都是一对一对话。领导一支由高管组成的真正的团队则与这种方式截然不同。艰难的决策是由你真正的团队成员经过充分的、长时间的讨论后共同做出的。团队成员必须摒弃他们习以为常的从自身利益出发考虑问题的习惯，转向从组织整体利益出发考虑问题，而不是仅仅考虑自身的责任范围。

上述影响对组织来说都是有益的，但是你必须意识到它极大地改变了管理层的权力机制。当你在高管中处于核心位置时，你对他们及其行动有着极大的直接控制力，但是与团队交流带给你的却是完全不同的体验，团队成员从初期开始就常常与你对抗。实际上，假若你创建的团队得当，且你是以有利于成员、向着形成真正的团队发展的方式来领导团队的，那么你将很乐意鼓励成员与你对抗。当你认识不到你的行为实际上是在侵害组织绩效时，他们就有责任给你指出来。当你丧失机遇没能坚持让团队成员齐心协力从而发挥出高管团队的最大效力时，他们也有责任给你指出来。对此，你准备好了吗？

大多数高管由于认识不到位，所以未能充分发挥真正的高管团队的作用。他们大多数都从未亲身体验过高管团队的强大作用，他们不知道如何构建、管理高管团队。回想一下首席执行官迈克・沃特斯的情况，他认为他的公司“过于复杂”，不适合采取团队管理的方式。但是，公司的复杂性正是他需要一支真正的团队的原因。而且，当我们采访沃特斯的高管时，他们的看法与沃特斯不同。他们告诉我们，问题不在于团队，或者说不在于团队缺少相互依赖和集体决策的机会，而在于领导者。他们告诉我们：“我们不是一支团队，因为沃特斯不把我们当作团队，问题就在于此。”

沃特斯及其团队都从未见过或体验过真正的高管团队。他们不知道真正的高管团队应该是什么样的，他们想象不到真正的团队应该如何开展工作。正是这个原因，我们在本书中列举了大量关于高管团队的事例，其中既有他们的努力，也有他们的成就。我们希望通过这些事例，拓宽和加深你对真正的高管团队的理解，让你在决定是否创建团队时能够掌握更多的情况并有更坚实的依据。

沃特斯团队的故事最终有一个圆满的结局。通过在高管团队成员中就“哪些成就只有团队才能实现”展开深入讨论，通过重塑、重构和重建团队，通过团队集体和每个成员的艰苦努力，在经历了种种挫折和成功之后，这群曾经倍感失望的人最终凝聚成了一支牢固的、表现优良的高管团队。沃特斯和他的直接下属之所以坚持了下来，是因为公司需要团队，因为沃特斯开始确信必须成立团队，尽管他还不清楚这样一支团队应该如何运行。而且，和许多高管一样，沃特斯团队的成员后来都表示他们绝不再降低标准行事。

根据研究，我们为处于初期阶段的团队提出一些忠告。如果你希望而且需要成立高管团队，那么，你就必须创造条件，让所属人员和组织做好准备，迎接组织中管理层管理方式的重大变化。如福沃运输公司的布鲁斯·坎贝尔，尽管他厌恶开会，但是他仍创建了一支真正的团队。首先，为他的高管创造开会讨论的空间是必不可少的第一步，但是仅做出这点改变是不够的。其次，高管自身也需要做出改变，作为个人，他们都是出类拔萃的高管，精通运输行业。但是，他们即将迈入的新行业要求他们必须有新的思维方式和行为方式，他们需要将工作重心从自身的工作领域转移到整个公司的成功上。团队的目标必须清楚地指明这些精英应该目标一致、齐心协力。最后，团队需要得到各方面的支持，需要有力的、专业的指导，以帮助他们制定出富有建设性的工作流程。

你准备好领导一支真正的团队了吗？你具备领导真正的团队的能力了吗？你愿意改变你的行为从而让团队富有成效吗？你能够抽出必要的时间和精力帮助团队变成一支伟大的团队吗？

以下是思考这些问题时需要牢记的要点：

1. 问问自己是否需要团队。你自己思考得出的答案也许不能充分解决这个实实在在的问题，因为回答它需要有相关依据。这个问题换个说法就是，你之所以需要高管合作共同领导组织，是否存在不可辩驳的原因？
2. 确定你需要何种类型或哪些类型的团队。归根结底，想要让团队成员发挥什么样的管理作用取决于你。如果你希望你的高管共同来协调重大行动或做出极其重要的决策，那么你必须确定团队成员，阐明集体责任，保持团队适度稳定，这样团队成员才能知道如何有效地合作。除非你采取措施让他们成为真正的团队，否则他们将无法做出决策或发挥协调作用。
3. 明确你的高管团队的边界，并且阐明他们与组织中其他团队的关系。和许多首席执行官一样，你可能会发现你需要的团队不仅仅是一支只发挥单一职能的团队。你的核心决策团队需要稳定的人员，来处理涉及整个组织的决策问题。人员构成来源广泛的信息交流团队，可能是一个边界不清晰的庞大团队，有时候任何一名高管都可以加入。对于不同类型的组织，你创建的协调型团队在构成和设计上可能都会有所不同。不管是何种类型的团队，如果你想要使之能充分发挥作用，那首先就必须明确团队边界、阐明团队职责并澄清团队之间的关系。

在结束本章内容之际，我们重申这些必要条件的核心要点：如果你怀疑自己不能在为团队创造3个必要条件方面做到最佳，即创建真正的团队、为团队确定富有感召力的目标和精心挑选合适的成员并使之合作共事、相互学习，那么匆忙组建团队绝不是明智之举。你可能希望且需要成立团队，但只有当你能够很好地设计、支持和领导它的时候，才可以着手进行。

▸ 第2章 ◂

富有感召力的目标

清晰、有挑战性、重要

墨西哥市中心，恼怒的阿图罗·巴拉奥纳坐在墨西哥国际航空公司总部顶层的办公室里，哀叹着他在推动这家航空公司由公有制向私有化转型过程中面临的问题。这名年轻的首席执行官知道时间非常紧迫，要想取得成功，他和他的团队必须迅速使墨西哥国际航空公司转型成为一家富有竞争力的、面向市场的、以客户为中心的公司。

巴拉奥纳转动椅子面向一排十分惹人注目的书架，上面除了他的前任留下的一排麦肯锡文件夹外，空空如也。巴拉奥纳指着那些曾经一尘不染而现在却布满灰尘的文件说："这就是我们的战略，我们要做的就是不要让它停留在纸面上，而是融入公司运营中去。"

在前任领导的带领下，公司花费了宝贵的时间和大量的金钱制定了新的战略。现在让巴拉奥纳和他的团队为难的是，如何让这些战略发挥作用。他的高管团队把握住了公司发展的基本方向，但是团队成员却对如何推动公司向着这个方向发展缺乏清晰的规划。

由于每个人的责任和经验不同，巴拉奥纳团队成员对问题出现在哪里以及如何解决这些问题的看法不尽一致。再加上每个成员对高管团队在公司实施的新战略中应发挥怎样的作用也各有各的看法，这让问题更加复杂。大多数成员认为，他们应该重点关注战略中自己的专业领域，或者会对自己负责的领域造成直接影响的部分。市场营销部主管关注的是公司应该如何改变营销战略，却不考虑公司运营。运营部门的主管关注的是增加航线，但不清楚这样做会给负责招聘和培训新人的人力资源部门带来什么样的影响。这种局面造成的后果是，大家缺乏统一的行动，各行其是。

如果你问墨西哥国际航空公司高管团队的 9 个成员，巴拉奥纳书架上的那些文件内容是什么，你将会得到 9 种不同的答案。大多数成员认为，在未来 5 年内公司收入应该翻一番，收益率应该提高两倍。他们也许还会提到必须改善服务，找到新的财源，以及在实现私有化的过程中吸收新的人才。但是有目标是一回事，公司如何才能实现这些目标却是另外一回事，高管团队在实现这些目标的过程中应该担负的责任也是如此。

团队成员不明白他们为什么要作为一支高管团队来开展工作，也不清楚领导希望他们共同实现什么样的目标。尽管团队不断开会讨论各种或重要或微不足道的问题，但是他们仍没有什么动力，也没有取得什么进展。实际上，高管团队的工作给团队成员带来的只有沮丧和担忧。

巴拉奥纳和他的团队成员都是经验丰富、富有才干的高管，他们知道转型并不顺利，这一事实让他们越发感到沮丧。公司建设也没有取得应有的进展，但是他们不清楚应如何继续推动下去才能成功。

巴拉奥纳还没有认识到他已经陷入了一个首席执行官们都会面临的最艰难的困境，也就是必须为高管团队确立一个富有感召力的目标。

确立目标的 3 大原则

我们已经谈到了 4 类高管团队：资讯型团队、顾问型团队、协调型团队和决策型团队。我们暂时假设你希望构建的是一支决策型团队，那么团队将要做出什么样的决策？是什么限制了你的团队实现本可以实现的目标？你怎样说服你的团队成员朝着一个目标集中精力前进？确定了所需要的团队类型并不能让团队成员明白作为一支高管团队要实现的目标是什么。

Senior Leadership Teams
高效贴士

确立目标的 3 大原则：

1. 目标必须重要。
2. 目标要有适度的挑战性。
3. 目标清晰最重要。

为此，首席执行官必须向团队讲明他们要实现的目标，而且这个目标必须重要、有挑战性、清晰明确。这 3 点简明易懂，但是对每一支高管团队而言，目标必须是鲜活的、具体的。

团队要实现的目标必须具有足够的挑战性，但不是不可能实现的：此时高管团队的使命是什么？在团队成立初期，领导者刚开始学习如何领导团队，因此团队应对挑战的能力也许尚不及团队成熟之后的水平。团队的目标也必须非常重要：哪些非常重要的行动必须由领导者主抓，而不是在职责确定后变成他们兼顾的工作？最后，团队目标还必须非常清晰明确：只能由高管团队实现的至关重要的几件事情是什么？当前最重要的事情是什么？长远来看最重要的事情是什么？

目标必须重要

组织中其他类型的团队，如一线销售和服务团队、质量管理团队或更低层次的管理人员团队，常常深受缺乏团队目标之苦。在这样的团队中，他们所做的工作常常被领导者夸大其词，使之不能与组织更高、更有意义的目标联系在一起，也无法与其他人的工作联系在一起，更无法与组织的整体目标联系在一起。高管团队则不然，团队成员都能认识到他们所做的一切无论是对组织的近期发展还是长期发展都十分重要。

在研究这些高管团队的过程中，我们发现对团队目标重要性的感觉是自然产生的。实际上，在对团队目标重要性的评价中，我们研究的高管团队平均得分为 4.8 分（满分为 5 分），这已经是能取得的最高得分了。根据我们的观察，与其说取得如此高分是因为首席执行官为团队指明了方向，不如说是循环思维的结果，他们认为："我们都是组织的最高领导者，我们的目标对于组织一定重要。"不过，成员们认为，高管团队的工作不仅对其他人的生活和工作有正面或负面的影响，而且对组织的生存能力也有很大的影响。

负面影响能给人以压力。尽管阐明目标的重要性并非难事，但是首席执行官常常会在这方面遇到难以逾越的困难，尤其是目标既要清晰明确，又要有适当的挑战性。本章我们将阐明为什么为高管团队确立正确的目标可能是一项艰巨的任务，我们将先用一个目标不明的团队的奋斗故事来说明这个问题，然后再用一个杰出的高管团队的故事来说明确立明确目标的重要性。

目标要有适度的挑战性

是什么妨碍了你为高管团队设定具有适度挑战性的目标？假设你的团队

成员能力很强而且十分敬业，还干劲十足，那么他们就需要有人为他们指明方向，否则他们就会缺乏目标感。但是他们也需要有行动的自由。如果你总是用无关紧要的会议和微不足道的决策来约束他们，那他们最终就会停滞不前，或者变得效率低下以及敷衍了事。如果他们始终在应对挑战并为组织创造价值，那他们就会处于最佳状态。

我们的研究发现了两种十分有趣的模式。第一种模式是，领导者给每个成员的目标常常挑战性过大，而给团队的目标挑战性不足。他们有时对高管提出过多的要求，并按照最高的业绩标准进行考核，而且还常常提高检验成员个人能力的标准。但是，他们对高管团队却没有任何要求。

为什么给个人更高的挑战却给团队较低的挑战呢？有些高管团队领导者考验他们的高管，是因为他们认为通过在团队成员间营造一种竞争的文化氛围，可以使高管始终保持高昂的斗志。尽管他们几乎不承认，但有的领导者就是喜欢让团队成员始终处于忙碌状态并将注意力集中在具体问题上，这样团队成员就无暇质疑他们了。相比之下，给予团队挑战，可以使团队强大到足以对地位不稳固的领导者的权力构成威胁。

因此，这种情况难免令人感到团队工作不如成员个人的工作重要，团队成员也不重视团队工作，而是将精力放在自己负责的最重要的业务上。对我们而言，最悲哀的是那些只是为了给领导者带来方便而成立的高管团队，他们仅提供团队所辖领域的信息，他们从未听说过为什么召集他们开会，也不知道为什么除了汇报就不再要求他们做任何事。在这样的情形下，目标感会荡然无存，团队成员也很快就会认为团队工作是浪费时间，从而不再投入时间和精力。

只有要求团队成员交流战略性信息、协调整个组织活动或者代表组织做重大决策时，团队的目标才具有挑战性。如果将难点全部降至成员的个人工作中，将目标降至业务部门，或分解、分配给个人，而在会上仅要求团队成员报告他们各自领域的最新进展，那团队目标就会显得无足轻重。

在这样的团队中，团队成员花费时间挖掘重要客户的现象不足为奇。他们在不花费政治资本的情况下，为逃避会议所采取的花招十分有趣。我们研究的其中一支团队规定，除非要去见“战略客户”，否则不得缺席会议。战略客户对组织至关重要，因此维护和战略客户的关系可以作为团队成员不履行其他职责的借口。我们的一个团队成员惊讶地发现，“只能在高管团队开会的那天会见战略客户”的现象频繁发生。

然而，在杰出团队中，情况恰恰相反，团队成员认识到团队的工作至少与他们个人的工作同等重要。他们有时会觉得自己似乎在从事两份全职工作，但有一点可以肯定的是，团队成员会利用他们所有的专长和经验来帮助团队实现团队目标。

在使团队目标具备适当的挑战性方面，我们发现的第二种模式是，目标缺乏挑战性会影响团队表现（见图 2-1）。落后团队是那些几乎满足不了其支持者（如客户、股东、董事、员工等）的需要的团队，而且没有什么迹象能表明团队会逐渐强大起来。平庸团队是部分客户而非全部客户认为其表现不错的团队，而且会有一些迹象表明团队成员共同工作和学习的能力有所提高。当然，这两类团队的团队目标多少都具备点挑战性，但是其成员对作为一支团队开展工作却信心不足。

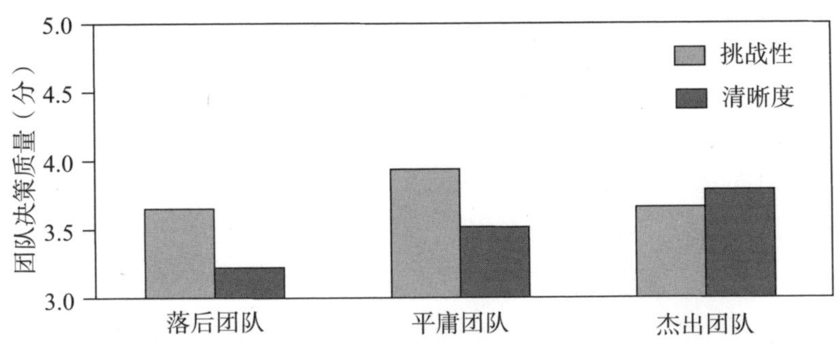

图 2–1　把握团队目标的清晰度和挑战性之间的平衡

如何把握目标的清晰度和挑战性之间的平衡关系，其经验主要来自杰出团队，它们能为所有客户提供良好的服务甚至会越来越好。杰出团队的领导者为团队确立了清晰明确的目标，不仅会向团队成员阐明团队目标，而且也同样会阐明挑战性。目标阐述得越清楚越好，挑战性越强越好。但是，这二者结合起来对高管团队的表现有极大的影响。

如果目标不够清晰明确，且挑战性过大，令人望而却步，那就意味着团队成员会因压力大而变成一盘散沙，无法齐心协力去实现共同的目标。杰出团队的领导者会给团队具有适当挑战性的目标，但最重要的是，他们也会确保团队目标清晰明确。目标清晰明确会让成员觉得这样极具挑战性和重要性的高管团队工作是可以实现的，它使团队能够齐心协力朝着一个目标前进，而不是各有各的目标，四分五裂。

我们在与美礼联化工公司（Millennium Chemicals）的一个主要部门的合作中，见证了目标清晰明确且具有挑战性的重要性。美礼联化工公司是一家全球性公司，其公司战略是通过自身发展和收购实现迅猛扩张。在我们开始研究这支团队的时候，他们并不知道应该如何为实现这一战略而努力。更糟的是，公司在此前两年中不仅没有实现一次收购，而且连潜在的收购对象都没有。

新任首席执行官鲍勃·李（Bob Lee）认识到，他需要帮助他的高管理解高管团队的目标，因此他重新组建了团队。当团队由于诸多缺陷而发展不顺利时，领导者可采用的方法之一就是重新组建团队。和鲍勃·李的团队一样，重新组建团队涉及重新挑选成员、确立团队目标、明确团队边界和制定团队规范（第 4 章将详细论述如何重组团队）。

鲍勃·李将团队成员召集在一起之前，意识到重新确立团队目标也意味着要考虑调整团队成员。鲍勃·李重新组建团队时，将决策团队的规模从 14 人压缩到 6 人。这样原来由 14 人组成的大型团队就变成了另外一支协调团队，也就是公司最高层的信息交流团队。这种团队目标的转变要求鲍勃·李必须提前与他一半以上的直接下属谈话，向他们说明他们没有进入决策团队的原因。

有些下属会表示反对，但是对于像首席科学家这样的下属来说，不再被迫倾听他们认为没完没了的废话是一种解脱。鲍勃·李在结束谈话之后说，他感觉仿佛给了首席科学家一份礼物。为了帮助高管团队顺利实现转变，首席执行官鲍勃·李仍然保留了“管理委员会”一词，并将其作为他们的大型信息交流团队的名称，而且也未对成员做调整。他还给这支 6 人团队新起名为“运营团队”（这个名称多少会让人误解，因为这支团队实际上处理的是对公司全局有重大意义的、关键性的问题）。这些名称的改变有助于两支团队的目标变得更加清晰明确。

随后鲍勃·李告诉决策团队，他们的目标是做出能够让公司显著扩张的决策，包括立刻确定至少两个优质收购对象。由于目标的挑战性和清晰度适当，运营团队迅速划分成小组对潜在的收购对象进行分析，并将团队的工作重点放在审视分析结果上。最后，在不到一年半的时间里，公司就在欧洲和南美洲成功地完成了收购。由于确立的目标既清晰明确又具有挑战性，因此团队能够集中集体的力量完成公司扩张的目标。

目标清晰最重要

在完美的高管团队目标具备的三个原则（即重要性、挑战性和清晰性）中，最难做到的是清晰性。一名高管非常恰当地描述出了这种状态："我们团队的目标极其重要也极具挑战性……只要我们明确了目标是什么。"

吉勒斯·维尔（Gilles Waire）是我们研究的一支高管团队的成员，他描述了他所在的高管团队第一次突然有了清晰目标的情景。在公司总裁本·奥马拉（Ben O'Mara）的领导下，他们的团队扭转了部门的颓势。现在团队在目标分解和目标公开上做得十分出色，团队成员也第一次有了清晰而又具有挑战性的团队目标。维尔说："这对我们是一种激励，我们的办公室就像作战室，我几乎没有时间见我的夫人和孩子，我们的工作干劲你可能都不相信，这十分令人振奋。"他将其描述为"我的职业生涯中最精彩的时刻之一"。遗憾的是，这只是一种临时情况，这个目标之所以清晰是由于当时所有成员都能看到明确的结果。目标实现后，奥马拉再也没有将团队成员召集在一起，也没有提出任何清晰明确的目标。随后，团队陷入艰难处境，公司也陷入了艰难处境。正如我们所言，环境有时会导致目标在一定时期内是清晰的。但是，你能想象一下，你的高管团队无论什么时候都有重点明确、可使团队齐心协力的目标，是一种怎样的情景吗？

实际上，目标清晰可给人带来一时的精神振奋。为什么为高管团队确立永久清晰的目标如此困难？我们的研究结果表明，让团队目标清晰明确一般会遇到三方面的障碍。

第一个障碍是，许多首席执行官错误地认为只要团队成员了解组织宗旨就一定能理解团队目标。当被要求指明高管团队的目标时，许多首席执行官反复重申组织总的任务，然后再补充道："团队目标就是完成这个任务。"如果你调查一下以组织宗旨为团队目标给团队行为带来的影响，你立刻就会发现为什么这样做不起作用了。组织宗旨和团队目标是两回事，组织宗旨对高管团队成员确立团队目标不具有指导意义。

以我们研究的一个卫生保健品供应商为例，该供应商的宗旨是"让人们保持舒适、健康和安全"。首席执行官断定，知道这个宗旨足以让团队知道他们的职责所在，也知道他们应该采取什么样的行动。所以，我们提出"团队应该怎样做才能使人们'舒适、健康和安全'"这一问题，是"为了向人们提供舒适的椅子、毯子和营养食品"吗？当然，这样的回答很荒谬。但这恰恰说明了一个问题：把组织目标作为高管团队的目标并指导团队的行为，常常是荒谬的。团队需要的目标是指在促使组织取得成功的过程中，团队应该担负什么样的责任以及发挥什么样的作用。

使团队目标清晰明确通常遇到的第二个障碍是对组织战略缺乏统一认识。组织战略是指组织为取得长久可持续的发展而采取的独特手段。① 组织学研究人员已经强调并指出，高管团队成员对组织战略具有统一的认识是非常重要的。当团队成员不能将描述组织战略的词语转化为组织行动并形成统一认识时，就会出现无法就组织战略达成共识的情况。听说过甚至能够一字

① 对高管团队的模糊认识可能是组织战略、运营模式和管理岗位设计的不一致所造成的。有两个关键问题可以帮助首席执行官确定目前的组织条件是否适合专注于重新设计高管团队。第一，组织的运营模式是否与组织战略相一致？组织结构对战略的执行起到的是推动作用还是阻碍作用？第二，每名高管的职责与组织战略之间是否缺乏一致性？

不差地背诵组织战略是不够的，团队成员必须达成共识，明白如何在实践中落实组织战略，知道在组织战略实施的过程中自己应该发挥什么样的作用。我们通过观察得出，团队成员必须以团队为单位讨论组织战略，并通过相互之间直接交流来深刻理解组织战略的意义。

本章一开始提到的墨西哥国际航空公司的团队就恰恰需要这样的机会来理解竞争战略对公司的确切意义，在此基础上才能理解团队本身的意义所在。巴拉奥纳从团队成员毫无重点的对话和交往中发现了这一点，并采取了明确的行动。但是，大多数高管团队的领导者认为，如果团队成员没有明确地质疑公司战略，而且团队成员都在用同样的内容来介绍公司战略，那么他们对公司战略就有足够的理解和共识。

假如你也这样认为，那你也许会对我们的发现感到惊讶。当我们让高管团队成员介绍公司战略时，他们的回答非常相似，常常是重复公司宗旨中的关键词语或首席执行官对团队的指示中的关键词语。但是，当被问及如何执行公司战略时，他们的回答千奇百怪，可见他们只是鹦鹉学舌，并没有真正地理解公司战略的含义。

为了扭转一家大型集团公司的局面，新的首席执行官莱恩·斯坦顿（Len Stanton）走马上任。之后不久就发声明，公开表示公司将采用新的战略，团队也将有新的目标，即团队将减少收购，转而将重点放在提高运营管理水平上，将公司打造成“世界级运营公司”。

各职能部门的高管认为，这意味着所有的关键流程都将实行集中管理。为了落实斯坦顿的指示，他们迅速将公司员工从 25 人扩张到 500 多人，而且仍没有停止的迹象。相比之下，各业务部门高管认为，斯坦顿的声明意味着他们在管理变革的过程中可以利用公司的资源。很快，斯坦顿的高管团队开始争夺对关键流程和行动的控制权，一方是各职能部门的高管，另一方是各业务部门的高管。当得知下属陷入这种状态时，斯坦顿对他的团队如此分崩离析感到震惊，他悲伤地说："我并没有打算对所有的流程实行集中管理，团队的做法让我意识到我第一次表明想法时是多么的含糊不清，这让我简直不敢相信。"

在一次争论激烈的会议上，斯坦顿向他的团队解释说，他的意思是公司要对有限的主要生产线实行集中管理，余下的生产线仍维持现状。团队需花时间搞清楚对哪些生产线实行集中管理，让哪些仍留在原有的部门。由于团队成员间缺乏理解，他们的行为不仅延误了公司战略在其他方面的执行，也耗费了首席执行官大量的时间，因为他还要解决下属之间的冲突。只有当首席执行官澄清了公司战略，团队的目标才得以确定和清晰。

使团队目标清晰明确遇到的第三个障碍通常是为明确团队目标并使其保持清晰所倾注的情感勇气。将团队目标清晰明确地表达出来可能预示着情感问题的出现。[①] 例如，我们发现有些领导者不敢明确地表达团队目标，因为这样做会导致强势或者亲近的下属所中意的目标无法实现。有时否定其他人的观点很难，因为会影响人际关系，即使对经验非常丰富的首席执行官也是如此。

而且，在实现短期需求变得迫切的时候，有些领导者不能将工作重点放在实现团队既定目标上。例如，我们研究过的一名高管团队的领导者，她突然得到一个新的年度收入目标，于是就将整支团队的工作重点转到了实现年度收入目标上，从而悄然放弃了她先前已经确定的团队主要目标——长期增长目标。这是一个令人担忧的年度收入目标，如果无法实现，公司可能会不

① 彼得·圣吉（Peter Senge）对制定清晰明确的目标与掌控这样的目标带来的焦虑程度之间的关系进行了探索。他的研究成果指出，必须保持"创新压力"，而不是减轻领导者或组织成员的紧张程度。

满。此时她将自己曾经信誓旦旦和团队说过的所有话，即将长期增长目标置于核心地位，都抛到了脑后。

我们还发现，有的首席执行官面对清晰宏伟的团队目标时，自己退却了。因为如果不退却，就会与组织中重要的高管就组织应该向何处发展产生真正的分歧。善意的、暴躁的、有能力的高管会强烈地就组织的发展方向提出不同意见。毫无疑问，这些分歧是存在的，且早晚都会暴露出来，即便不去明确团队目标，这些分歧也只是被首席执行官暂时搁置起来而已。但当高管独立做出选择的时候，这些分歧便会从中作祟，因为他的选择反映出了他本人对团队目标的看法和偏爱。这种状态具有固有的不稳定性，分歧早晚会暴露。但是，分歧隐藏的时间越长，团队能够恰当地解决这些分歧的可能性就越小。

如果团队中有一个或多个成员精于算计，却又不愿意将决策权交给同事，那么他（们）将团队目标置于从属地位，专注于实现个人目标的私心就会特别强烈。首席执行官可能会预测存在的问题并为此感到担忧：如果团队极需要的、有能力的队员反对团队或不满想离开团队，该怎么办？

所有这些冲突都会引起人们的忧虑，即便是经验丰富的首席执行官也是如此，这是可以理解的。忍受这种不适需要毅力，将团队目标和要面对的问题明确地告诉成员需要勇气，这样他们就可以在明晰目标的过程中发挥自己的作用。想要将团队目标高度提炼、概括，并做出让团队成员能真正全面理解的决策和行动，需要高层次的认知能力。

有些领导者在概括团队富有感召力的目标时，只是简单地罗列出一些零零散散的任务，也就是团队必须完成的一些具体工作或要做出的决策。但是，从这些具体的任务到形成高度概括的团队目标，中间的过程可能很难。

因此，你可能愿意反过来做，首先从更高层次的要求概括出团队目标，其次再设法从这些抽象的目标中分解出必须完成的具体工作。把握好目标的抽象性、概括性与具体化之间的平衡，需要有高超的概念提炼能力。

为了使团队目标清晰明确，最终还是要运用领导者的权威。领导者需要向团队阐明你希望他们发挥的作用，不仅要讲明公司各部门之间的相互依赖关系，而且还要讲明你希望个人完成的事情和希望团队完成的事情。如何克服以上这些障碍？如何为团队确定能够指引团队发展、调动和发挥团队成员积极性的富有感召力的目标？下面我们将介绍一些具体的方法。

让目标清晰的 4 个关键

至此，我们着重强调了高管团队在使目标清晰明确的过程中遇到的障碍以及领导者面临的困难。但是，充分明确团队目标是可能的。实际上，在我们的样本团队中，所有表现杰出的团队都做到了这一点。我们现在就借助这些团队的经验，以及那些经过努力也最终做到了这一点的团队的经验，来说明如何使团队目标清晰明确。

Senior Leadership Teams
高效贴士

让目标清晰的 4 个关键：
1. 确定相互依赖关系。
2. 简明扼要地列出问题。
3. 把团队独特的贡献概念化。
4. 利用你的权威。

采取的措施并不多，我们逐一介绍：

1. 确定团队成员间的相互依赖关系，从而推动公司战略向前发展。哪些高管职能要求所有高管必须在场？

2. 简单罗列出你希望团队做出的决策和采取的行动。哪些关键的事情只能由这支团队完成？
3. 将上述任务简单加以提炼，形成主题概要以指导团队决策和行动。
4. 利用你的权威向团队阐明团队目标。能够确定团队目标的人只有你，其他人只能帮助你提炼，但是最终拍板的是你。

确定相互依赖关系

如果你希望团队做出企业级决策或协调战略行动，那你必须将你的意图告诉团队。但是，这还不够，团队必须知道哪些决策由他们来制定，哪些行动由他们负责协调。最好从提出一组问题入手，而且这些问题必须有助于确定企业哪些业务需要密切往来，哪些业务需要共同做出决策。高管团队目标普遍存在的一个认识误区：认为目标清单所罗列出来的所有任务都是战略性的。其实并非如此。只要战术性的工作涉及关键任务，而且只能由团队来完成，就应该罗列其中。如果这些工作可以不由团队来完成，那么这些任务就应该转交至相应的部门。

领导者清楚哪些工作不能出现失误是有益的。所谓不能出现失误的工作，是指那些企业要想实现战略目标，高管团队就必须正确完成的工作。例如，巴拉奥纳的团队认为，要想以私有企业的身份参与市场竞争，就必须让墨西哥国际航空公司以出色的服务鹤立于航空市场。为了这一目标，也为了其他志在必得的任务目标，团队绘制了一个简单具体的矩阵图来达成共识。他们提出的问题有：如何向员工解释？衡量我们取得成功的指标有哪些？取得成功面临的主要挑战和担忧是什么？通过罗列一系列志在必得的任务目标（见表 2-1，表中所示为其中的一项），并将它们的意义整合理解，巴拉奥纳团队确立了清晰明确的目标，这比仅仅用相似的语言来描述更深刻。

表2-1 墨西哥国际航空公司：志在必得的任务目标和高管团队的目标

志在必得的任务目标	如何向员工解释	成功的指标	主要的挑战和担忧
·以出色的服务使公司与众不同 ·显著提高客户服务水平 ·塑造自己的品牌标识 ·成为技术上最先进的航空公司 ·市场营销——理解客户	·保持服务水平始终如一 ·友好热情地对待客户 ·准时 ·体现效率 ·了解客户的期望 ·超越客户的期望，更多地满足客户的需要 ·尽可能提供最好的体验 ·知道具体工作细节对客户满意度的影响	·客户更偏爱我们 ·重复购买率高 ·投诉率低 ·客户满意度提高 ·员工满意度提高 ·市场份额差距缩至最小 ·将利润再投资于服务	·如何借助工会来提高客户服务质量（工会反对管理层，工会向员工提供与管理层相矛盾的信息） ·沟通 ·如何实施服务文化 ·如何说服人们这是一条正确的道路 ·没有足够的基于客户满意度的收入或利润再投资于服务

面对这些志在必得的工作，团队成员体验到了一种自发的相互依赖感。这让团队成员和团队领导者明白，什么样的问题是真正相互依赖的，什么样的问题适合让高管团队解决。团队常常在公司发生危机之时，感受到那种相互依赖感，如主要竞争对手的威胁来势凶猛的时候。

例如，当新西兰政府解除对燃料业的管制时，美孚石油新西兰公司认为这是大量收购服务站的难得机会，而且高管团队也知道，他们主要的竞争对手英国石油公司也渴望收购。这个机遇极大地激励了团队，美孚石油新西兰公司首席执行官迅速行动起来，要求他的团队确定哪些服务站在战略上对公司至关重要，包括那些还没有上市的服务站。他还要求团队办理必需的政府和法律批文，制定收购战略。结果服务站刚一上市，公司就行动起来，并在一个星期之内完成了收购。他们的迅速行动极大地动摇了竞争对手的市场地位。美孚石油新西兰公司团队的成员将这次行动称为“英国石油公司之战”，他们为团队工作感到欢欣鼓舞，也对他们共同实现远大目标的能力充满欣喜，从此以后他们便开始按照这种方式开展工作。

这其中存在一个困难，即如何将这些相互依赖的短暂体验转化为持续的团队目标。我们发现回答下列问题有助于确定团队核心的相互依赖性：

- 我们需要彼此做什么？
- 公司面临的最严峻的挑战是什么？
- 团队有应对这些挑战的集体战略吗？
- 我们的战略效果如何？

或者这样来考虑问题：假如由我来审视某一个职能部门、一个地区或一个业务单位的某些职责，我能否看到共同管理这些事务给公司带来更大好处的迹象？如果不能，有哪些漏洞？①

例如，将高层专业人才的招募、分配和培养作为需要整个公司各部门相互依赖的一项活动来处理，这比将其作为不同的业务部门或者人力资源部门的活动来处理，效果要好得多。特别是还存在一种越来越普遍的情况，即对完成任务至关重要的可选人才稀缺且求才的竞争十分激烈，此时由高管团队来决定招募谁、安置在公司哪个部门以及如何培养和留住人才，效果会更好。②

解决相互依赖性问题的最佳方案常常是在高管间的交谈中形成的，而不是完全存在于首席执行官的头脑中。雷吉 · 史密斯（Reg Smythe）是我们研究的一家零售金融服务公司的首席执行官，他开始时坚持认为他不需要团

① 汉布里克和西格尔（1994）强调了外部组织环境对高管之间相互依赖性的影响。例如，行业因素和市场因素加大了高管需要处理的信息的复杂程度和扩散程度，对于这种复杂程度的认知可能已经超出了一个人的能力，因此必须至少在最高层建立信息交流团队。

② 根据翰威特咨询公司（Hewitt Associates）的调查结果（2006年），41%在婴儿潮时期出生的人希望在未来10年内退休。随着这些工人的退休，可能出现高管人才紧缺的情况。再者，人口统计趋势表明，50%的高管将在未来10年内退休，因此可能将导致高管人才的争夺战以及对整个公司领导层的接替管理提出更高的要求。

队，认为他的直接下属组成一支团队只是公司结构的产物。但是，团队成员不同意他的看法。例如，他们指出，不能以团队形式做出决策会让他们无法在客户面前树立品牌。在某个成员被告知史密斯认为不需要团队时，他们提到了一次会议，在那次会议上他们共同制定了目前正在实施的公司战略。史密斯承认那是一次非常成功的会议，显然，由于成员间的密切合作，公司也受益匪浅。

这一认识促使史密斯邀请他的团队与他合作，双方共同探讨团队成员相互合作能够给公司带来哪些独特的价值，而且这些价值是只有合作才会有的。结果表明，不同的问题最好用不同的方式处理。有时史密斯发现一些目标如果由团队来实现，会比交给某一部门负责更能得到好的效果。他多次召集高管开会来验证自己的想法。就这样，经过与团队商量然后自己进行归纳的反反复复的过程，史密斯对相互依赖性有了全面的认识，这是他清晰地描述他的高管团队目标的开始。

再举一个例子，弗朗兹·勒吉恩（Franz LeGuin）是我们合作的一家计算机芯片公司的首席执行官，他发现了另外一组可以帮助分辨团队目标的问题。这家公司的主营业务有三项：汽车芯片、移动电话和网络。这些业务在很大程度上都是彼此独立运行的。公司的核心战略行动是进入中国市场，这也是这家公司所有竞争对手的核心目标。勒吉恩问道："在这些业务之间还有哪些机会？哪些目标能够通过高管团队更好地实现？"勒吉恩和他的团队断定人才招聘水平极其低下，因为人才招聘被严格地限制在了人力资源部门。当被问及如果部门经理与人力资源主管共同决定人才事宜能否更好地完成人才管理时，团队给予了肯定的回答。和史密斯一样，勒吉恩发现，在关键的相互依赖性问题上，倾听高管的意见能让他们在希望团队达成什么样的目标这一问题上产生新的想法。

简明扼要地列出问题

举出上述例子旨在呈现一个过程，以帮助你找到团队所有可能存在的相互依赖性。领导者找到的问题的答案本身并不是团队目标，这只是厘清团队目标的第一步。领导者和团队成员会为了解答这些问题进行谈话，过程中也会提出许多需要团队解决的问题，领导者的任务就是筛选和精炼这些问题。

我们的研究表明，大多数杰出团队的领导者都会对诸多问题进行筛选，然后提炼成若干需要团队参与的、影响企业的重大决策。这些决策包括涉足哪些业务、在何处布置何种资源、如何进行选择、如何培养未来的领导者、如何强化有助于企业成功的企业文化和价值观，还包括重要的战术问题，如如何应对迫在眉睫的经济危机、如何打入新的市场、如何进行收购（如美孚石油新西兰公司大肆收购加油站）以及如何根据市场的突然变化做出响应等。

以下是我们提炼出的一些适用于大多数大型企业的高管团队的职责：

- 制定和修订企业战略。
- 筹集和分配资金。
- 培养组织能力（如改善运作模式或人才更替渠道）。
- 管理至关重要的任务计划的实施（如收购和实施新的生产或服务技术）。
- 监测企业绩效。
- 整合收购的主要企业。

小型企业有更适合自己的职责列表。显然，企业要想圆满解决这些问题，高管就必须担负起所有这些责任。

把团队独特的贡献概念化

当我们说“概念化”时，并不是需要你建立一个宏大的、抽象的团队目标理论。相反，你必须发现和提炼出团队集体职责的核心主题。对于团队来说，一个富有感召力的目标不只是一份简短的相互依存的职责列表，尽管这个列表在目标的清晰度上已经有了很大的进步。但是，真正的团队目标应该更广泛，应该在普遍的意义上涵盖这些职责任务。也就是说，团队目标应该回答这样的问题：你需要一群高管做哪些其他人群无法完成的工作？

以这种方式概念化团队目标需要创造力和认知力。以相互依赖性为基础，与团队成员开展谈话可以让你的职责列表更简明扼要，但是这需要你用创造性思维从中提炼出团队目标的主题，并将提炼出的主题与企业面临的核心挑战联系起来，然后以鲜活生动的语言将主题和挑战阐述给团队。

前面提到的金融服务公司的首席执行官史密斯就是这么做的，他先是深刻理解公司面临的挑战，然后与团队成员多次交谈，最后形成简明扼要的职责列表。经过这个过程后，他确定了团队的目标，阐明了成员要组成一支团队的原因，也表明了团队要实现的目标。表 2-2 所示的内容就是史密斯提炼出的团队目标核心理念，即“无缝集成”的简明扼要的职责列表。

勒吉恩研究分析了他的职责列表，最终确定以“管理矩阵”为团队目标的核心理念。如其成员所理解的，这意味着团队将承担对责任不明的问题做出决策的责任。通过集体承担责任，团队可以减少关键决策遗漏的可能性。

表2-2　零售业务高管团队：从相互依赖的目标到更具普遍意义的团队目标

相互依赖的目标	团队目标
保持直接零售业务利润增长 · 紧跟竞争形势、市场及客户的发展趋势 · 评估现行战略战术，确定它对未来战略的影响 · 寻求新的利润增长点（包括未涉足的领域） · 确定组织目标并确保其实现 **为确保组织具有卓越的执行力提供领导力** · 领导者制定恰当的目标、战略和战术，为组织目标的实现提供支持 · 确保组织设计、流程和策略有效 · 发现和培养高水平的管理人员 · 主动发现和消除前进中的障碍 **促使和保持客户价值定位部门和客户接待部门之间的无缝集成** · 整支团队及其管理的部门必须实现“整体大于各部分之和”的系统效益 · 分列的同级部门之间必须实现真正的集成 · 保持整个组织对主要情况和战略有统一的认识	· 面临的挑战：尽管我们的业务利润增长点依然很诱人，但是与 20 世纪 90 年代相比，未来的环境很可能变得增长速度变缓、竞争加剧、客户越来越需要服务商提供主动指导以实现他们的财务目标。在这种环境中要想取得成功，我们将必须紧扣战略重点，最大限度地发挥我们的资源优势 · 我们必须实现客户价值定位部门和价值传递链的无缝集成，以便我们的整体销售战略能够顺利实施 · 高管团队将是集成和战略重点得以实现和有效执行的关键

史密斯和勒吉恩的例子说明了高管团队目标最基本的问题：团队目标是逐渐形成的。团队成员逐渐发现，如果他们解决问题时能够相互依赖，则能带来额外的贡献，团队目标也将变得越来越清晰。当团队领导者和成员逐渐学会作为一支高管团队开展工作，当企业面临的挑战和志在必得的任务目标逐渐发生改变时，团队目标也必须随之调整。团队目标在团队存续期间出现偏差是很正常的，因此首席执行官必须注意要保持把团队的主要目标放在中心位置，并不断修正，使之愈加清晰和明确。

利用你的权威

你是团队领导者，要让目标清晰明确，就意味着你必须始终坚定不移地运用你的权威来阐明团队目标。

有些团队在共同制定企业战略，但是很多其他团队的重点是如何实施战略，就像墨西哥国际航空公司一样。如此一来，他们在明确团队目标时可利用的条件就很有限了。墨西哥国际航空公司的巴拉奥纳认识到，无论他的团队多么优秀，也不能期望成员们自己达成共识，明确团队目标。他还知道，如果他将自己对团队目标的看法强加给其他成员，那么就算他的看法很明确清晰，也会遭到成员的抵制，因为这些成员几个月前还是他的同事。

不仅如此，这位新的首席执行官还认识到时间在流逝，董事会的期望值很高，但董事会的耐心也是有限的。所以，巴拉奥纳决定与团队成员合作来明确团队目标，于是他与团队成员展开了一系列紧张有时甚至令人精疲力尽的讨论，以此来破解他的新战略。他从总体战略入手，用了几个小时层层分解并且深度探讨了公司各层次的目标，直到团队成员明确了整个公司实现这些目标所需要的流程、战术和团队的责任为止。团队就这样慢慢地对新战略的含义以及如何推动新战略的实施达成了共识。这是明确团队目标和方向至关重要的第一步。如果团队成员想作为一支团队对公司实施有效的领导，那就必须有明确的目标和方向。

这个过程需要时间和耐心，需要团队成员进行数小时有时甚至数天的坦诚交流。你可以采用这种合作方式来明确团队目标，也可以通过高管各自的反思来实现。戴夫·诺夫勒（Dave Knopfler）是一家正处于急剧下滑状态的公司的首席执行官，他采取的就是后一种办法。由于公司的主打产品正在迅速变成一种日用品，所以诺夫勒决定提供综合服务而不仅仅是产品本身，从而使公司有别于竞争对手。他的高管已经习惯了领导区域性的以产品为中心的公司，为全球客户提供咨询服务与区域性的以产品为中心的模式完全不同。

诺夫勒以不容商量的语气向他的团队发出了命令，即公司将向其庞大的全球客户群提供综合服务，而团队是实现公司战略转型的关键。他告诉团队成员，高管团队的目标是双重的：一是继续监管公司绩效；二是设计和实施由以产品为中心向提供综合服务转型的公司战略。在向新方向迈进的过程中，他要求团队与他一起确定团队应当肩负的具体责任。

并不是所有的团队成员都赞同诺夫勒的决定，有一名下属口头上说得很好听，但是从不在行动中给予支持。在与这名下属进行了几次谈话后，诺夫勒没有发现他有任何改变，于是就要求他辞职。

富有感召力的目标、一支真正的团队和合适的成员，这 3 个必要条件在诺夫勒调整公司发展方向的过程中开始发挥作用。深入思考公司战略转型带来的新的相互依赖性，有助于更加明确团队的目标，突出团队成员需要具备的特殊能力。诺夫勒利用他作为首席执行官的法定权力，让团队具备了这 3 个必要条件，并且更加明确了团队的目标和方向。

达成目标并非一蹴而就

要理出这样的目标，需要付出大量的、反复的、倾注感情的工作。巴拉奥纳及其团队就做到了，他们将放置在书架上的那些落满尘埃、缺乏深度、无人问津的战略计划变成了生动鲜活的战略，推动了墨西哥国际航空公司向前发展。

上任一个月后，在与250名高管召开的第一次会议上，巴拉奥纳发表了4个小时的讲话，概述了他的总体设想和战略，并且承诺将在半年之内给出重要细节。半年后，他兑现了他的承诺，不过这一次发言的是他的团队成员。每个成员都提供了一份计划，而且每个人的计划都与其他人的计划相衔接。巴拉奥纳说："这说明了我的团队对我的设想的认可程度，这种认可让我们得以继续向前。人们第一次看到了我们是一支真正的团队。"

2001年，在意大利召开的全球管理会议上，巴拉奥纳发表了演讲，他自豪地分享了他的团队取得的一些成果，包括在航空公司的成本大幅下降的情况下，其飞行员和机组人员的生产效率却得到很大提高。团队取得的有些成就似乎是战术性的，而且微不足道，如与航空公司饮料合同商重新谈判，从而节约了200万美元。但是，这些都是团队初期取得的成就，是团队成员相互依赖的成果，表明了团队还能为公司做出的贡献。这次复杂的采购谈判由充满活力的新团队负责，谈判对象涉及两家飞机制造商、墨西哥政府、美国大使、商务部部长和世界各大银行。如果没有巴拉奥纳的高度相互依赖、目标清晰明确的高管团队，那么是不可能完成这样的谈判的。

也许团队取得的最辉煌的成就发生在巴拉奥纳演讲之后不久，恐怖分子袭击世界贸易中心的时候。首席执行官巴拉奥纳及其团队突然发现他们的完美计划搁浅了。由于发生的事件悲惨又出人意料，所以墨西哥国际航空公司的高管团队齐心协力、全力以赴地处理危机。与北美洲其他所有的航空公司相比，墨西哥国际航空公司在仅仅5天的时间里就按计划恢复了所有航线的飞行，只有完全失控的纽约市除外。

墨西哥国际航空公司比其大多数竞争对手恢复飞行都迅速并非偶然，如果你重新回顾一下团队最初的会议情况，就能够理解为什么能这样了。在第一次开会讨论团队目标的时候，高管团队就决定将安保作为头等大事。团队成员从未忘却这个目标，现在这一切以想象不到的方式给他们带来了回报。当灾难来临的时候，团队已经做好了准备并且能够集体快速应对。

毫无疑问，尽管取得了成功，但是巴拉奥纳及其团队走过的道路并非一帆风顺。那些针对团队目标展开的持久讨论只是第一步。在巴拉奥纳及其团队和公司发展壮大的过程中，关于团队目标的讨论一直持续了两年多。如果没有清晰明确、富有挑战性的目标，如果没有团队成员的精诚合作，团队要想取得成功是不可能的。

阐明目标时的 3 个注意事项

在准备阐明团队目标时，一定记住以下要点。

1. 你的高管团队的目标已经很重要了，要将重点放在阐明挑战性和让目标清晰明确上。问问自己，如果你是团队成员，那么哪些目标最具挑战性且至关重要？是个人负责的工作还是团队的工作？如果答案模棱两可，那就要提高团队目标的挑战性。

2. 对所有首席执行官来说，要达成清晰明确的团队目标，没有一条最佳的途径。你完全可以靠自己来提炼团队目标，也可以和最信任的顾问一起完成。你也可以让你的团队成员帮你确定目标之间的相互依赖关系，然后再自己创建清单，归纳出简明扼要的重大决策。你还可以用最初的团队目标草案进行一番试验，然后在听取团队反应和意见的基础上再进行修改。这些过程都是有益的，效果如何取决于你的能力、选择倾向和与团队成员的关系。归根结底，团队目标要清晰明确，但具体采用哪种方式由你自己来定。

3. 厘清团队目标的过程要倾注感情。我们合作过以及研究过的所有领导者，在为团队确定目标时，都在感情方面有过一番纠结。在明确团队目标的过程中，必定要与团队成员自身对其职责的看法产生分歧和冲突，若你运用你的权威来表明“这就是我们将要做的”，就会引发领导者和团队成员的焦虑，但是如果持之以恒地坚持下去，也会激励和鼓舞他们。

▸ 第3章 ◂

合适的成员

技能合适、差异化

高管团队不是校园球队，有的人想加入进来，有的人一直留在里面，有的人过去是团队中的重量级人物，但你并不一定要让他们在你的团队里。另外，如果你领导的是已经组建好的团队，那这也不意味着你必须留下所有成员。无论人们说什么、暗示什么或相信什么，现在团队属于你，你就必须选择你需要的人并把他们留下来。

关于高管团队，有一件事让我们感到吃惊，那就是许多成为首席执行官的领导者会想当然地认为他将要领导的高管团队就是他接手的团队。扪心自问，你是否让团队历史、组织结构、某些高管角色的重要性等诸如此类的因素左右了你对团队成员的选择？你是否认为你的直接下属都必须加入高管团队？如果你的团队庞大到只能发挥信息沟通和交流的作用，如果团队的某些成员个人表现十分突出但对团队合作有很大的负面影响，如果首席法律顾问一直留在团队中但对实现团队目标毫无作用，那这些真的都是你必须接受的吗？

不，你完全不必如此。一旦你知道了你希望团队代表组织完成哪些任务，就到了彻底解决团队领导力问题的时候，也就是你需要谁加入团队。这可能是在情感上最具挑战性的问题了。

许多组织学学者已经研究了高管团队的人员构成对组织绩效的影响，但是我们的研究另辟蹊径。[①] 我们不研究人员搭配，而是注重研究高管团队成员应该具备哪些品质。我们的研究发现，一些团队成员具有的品质可能会提高或者削弱高管团队的效能。我们针对首席执行官的研究也发现，许多领导者在运用他们的权力组建团队时会面临很多挑战。

在本书中，我们重点介绍了几个面临重组团队挑战的领导者：联合利华的迭戈·贝维拉夸、墨西哥国际航空公司的阿图罗·巴拉奥纳、Applebee 的劳埃德·希尔（Lloyd Hill）以及罗氏诊断设备加拿大公司的帕斯卡尔·米特迈尔（Pascal Mittermaier）。他们都是非常出色的经验丰富的领导者。他们果断、自信、很有成就，但他们在解决谁应该加入团队，特别是谁不应该加入团队的问题时也十分艰难。

领导者希望自己在团队成员看来是富有责任感的，希望体现出自己作为领导者的价值，不希望被认为是反复无常或容不下人的，他们都在努力调整团队的构成，而且在很多情况下会花费太多的时间。例如，巴拉奥纳花费了数月时间才将组织战略向前推进，因为他要想办法安置两名不起作用的团队成员，其中一名是深受其他高管喜爱但工作效率低下的航空公司资深员工，另一名是很有才干但会破坏团队合作的成员。巴拉奥纳最终将这两个人清理出了团队，但是在那之前团队经历了数月的挣扎，已经丧失了发展的动力。

---

① 数十年来，对高管团队的研究重点一直放在人员构成的多样性对组织绩效的影响上，如团队人员的职能范围、年龄范围、任期及其他个人特性等。早期的研究表明，某些形式的多样性有助于组织绩效的提高，有些则不利于组织绩效的提高，但是这些最初的研究成果很多却不能在其他的研究中再现。

米特迈尔是罗氏诊断设备加拿大公司的首席执行官，他最初试图利用自己接手的团队勉强维持公司运营。米特迈尔是在这家公司的 6 年高速发展期快结束时加入的，这家公司从拥有 5 000 万美元资产、200 多名员工发展到拥有 2.5 亿美元资产、400 多名员工。米特迈尔加入时正值公司发展开始减缓的时期，其母公司 SAP 开始通过全球 SAP 系统整合罗氏诊断设备加拿大公司，并开始减少公司自主权。米特迈尔解释说："我接手的团队在过去 6 年间一直发挥作用，为公司业绩的增长做出了很大贡献，他们完全对外，非常注重市场份额，却不会多考虑这样做会对公司内部产生的影响。所以，高管团队会议讨论的都是战略问题、信息问题，非常单一，而且每个成员谈的也都是自己分管的业务。如果不是我要求他们参加会议，那他们很难聚在一起。每个人来开会时都很兴奋，但是缺乏共同的目标。他们的态度是'只要我分管的业务没问题，那么一切就都没问题'。"

但是，这些急功近利、思路单一的高管，无法将他们过去温文尔雅交流信息的会议方式转变为从公司发展角度展开讨论，而这正是他们应对新的挑战必须实现的转变。因此，米特迈尔开始整改团队，只留下了那些拥有领袖视角的人。

Applebee 的希尔最初认为，只要他和现有成员一起付出足够的努力，他就能将合作精神注入这支由热忱的老成员和斗志旺盛的新成员构成的团队。直到有些成员表示，他们对自己缺乏合作能力感到沮丧和恼怒，希尔才发现问题所在。希尔用尽了所有耐心，想尽了办法为他们提供指导，但仍没有改变这些成员，于是他不得不痛下决心重组团队。

贝维拉夸和我们见过的许多领导者一样，是一个非常坚定的人。他专注于做出战略选择，专注于让这个合并后新成立的组织取得成功，即便努力显然是徒劳的，他也没有放弃。他还一直努力去赢得那些显然从不支持新组织、新战略，也不支持新领导者的人的尊重。但是，在董事会主席建议调整团队成员时，贝维拉夸还是将几个必须离开的人请出了团队。

有些领导者或许战胜了挑战，并最终创建了一支高效的团队，但是他们在这个永生难忘的过程中也都伤痕累累。如果你问他们的感触，那他们很有可能先是摇摇头，双眼中流露出疲惫感，然后喃喃地做出回答。希尔说他“很痛苦”，贝维拉夸说过程“难以置信的艰难”。

我们无法保证一定能消除高管团队挑选合适成员时遇到的问题和困难，但是，我们可以提供一些指导，帮助你把这个过程变得更简单，包括确定团队目标后应注重考察潜在成员具备哪些品质；如何帮助团队成员理解他们作为某一部门的高管和高管团队成员所扮演的角色；如何发现和处理那些明显的和不明显的问题成员，即团队中的“捣乱者”；何时以及如何调整团队成员。

考察成员的 4 个重要维度

一旦有了清晰的战略和运营模式，并阐明了团队在实现战略中的作用，你就可以全面深入地评估现有的团队成员了，以确定是否需要调整团队成员。此时，你要让团队成员保持稳定，并让团队边界清晰，更准确地说，就是可预见的未来团队应该由“我们”构成，这里的“我们”可不是随便说的。挑选高管团队成员不是按照职位、头衔或个人对组织的贡献这么简单，他们还必须具备作为一支真正的高管团队所必需的基本能力。

大多数首席执行官最终都会需要重组他们的高管团队。要想让你的团队成为一支有效的团队，你至少要确保团队成员都了解企业，而且能够代表整个企业。但是，“代表整个企业”并不意味着让每个业务部门和职能部门都在高管团队中占有一席之地。对于那些没有成为高管团队成员的高管和专家，当他们的专业技能或知识有益于高管团队时，也可以邀请他们参与团队工作。

Senior Leadership Teams
高效贴士

考察成员的 4 个重要维度：

1. 注重考察必需的技能和经验。
2. 注重考察高管的自身形象。
3. 注重考察概念思维能力。
4. 注重考察共情能力和正直守信的品质。

我们发现许多领导者不仅在调整团队成员时犹豫不决，而且最终调整团队构成时做出的选择并不总是明智的。首席执行官面临的挑战在于要考察得更深刻，不仅要看成员的管理能力和专门知识，而且还要重点看那些不易发现的能力，如一个人是否有能力与其他团队成员进行激烈但却富有建设性的讨论，是否有能力从整个企业的角度出发进行战略思考等。

我们曾听到有的领导者据理力争地说，他们之所以需要首席技术官是因为这些人拥有系统知识，之所以需要市场总监是因为这些人熟悉客户等。对于资讯型团队或顾问型团队而言，团队的代表性更广泛、知识性更宽泛是有益的，也是有效的。有些领导者还要做出象征性的选择，如他们可能选择一个能让高管团队的人员构成更具多样性的成员，以确保过去代表性不足的群体中有一个榜样。

如果这是对高管团队的构成经过深思熟虑的结果，那么如此选择是正确的。而且，研究表明，不同观点的存在极大地提升了团队的创新能力，降低了团队因观点过于一致而制订出失败计划或做出失败决策的可能性。但是，采取过去没有过的做法，让来自未得到充分表现的群体的人加入团队，使其成为一种“象征”是不够的，至少要有两个人加入才能使团队的多样性发生实质的改变。构成多样化的高管团队应该平衡发展，成为展开讨论战略问题的平台，而且既要展开激烈的讨论，又不能失去建设性，二者不可偏颇。

我们的研究表明，在团队构成多样性不足的团队中，团队成员却认为他们的团队构成总体来看过于多样化。而事实上，从年龄、种族、性别等人口统计指标来看，这些团队的构成其实仍过于单一。这些构成多样性不足的团队的抱怨体现在部门、区域、分管业务领域的方方面面，在高管团队中也很常见。团队成员自己也认识到，在这种极端的情况下，首席执行官要想为构成如此广泛的团队确定清晰的目标和任务是不可能的。

将构成如此多样的团队作为核心决策团队，同时又不做好充分发挥他们差异性的准备，这是一个错误，而且有太多的领导者犯了这种错误。当所有的部门、区域都有代表加入高管团队时，成员按照这种构成所暗含的意义来发挥作用是可以理解的。“我在这里是因为代表着我们部门，所以我应该站在销售部门的立场说话。”[①] 出现这种情况时，首席执行官就限制了团队成员发挥合作共事、相互依赖性或站在整个组织的高度共同思考问题的能力。而且，他们忽略了那些眼界开阔、如果有机会就为给高管团队做出极大贡献的人，还将他们排除在了团队之外。

高管团队往往会渐渐变得庞大，直到有一天大家突然发现会议室里坐满了人。这些人很高兴加入团队，但是团队的表现更像是一群乌合之众而不是一支机敏的高管团队。造成这种现象的又一原因是只注重成员某一方面的技

① 博格（2005）强调，高管团队成员作为组织某些部门的代表，应当发挥合理作用。他将首席执行官的职责描述为，让团队成员既关注自己的职责和业务，同时也关注整个组织的福利和增长。这种双重强调是高管团队承受的最重要的压力，也是首席执行官必须积极应对和保持的，二者不可偏颇。

术能力。领导者对于这些部门、车间的“大腕”们无力推动组织向前发展感到灰心丧气，但又惧怕将技术专家清理出团队，于是只能不断地让那些他希望能够改变这种现状的人加入团队。

注重考察必需的技能和经验

组建构成合理的高管团队，必须清楚为了让高管团队履行职责，团队成员需要具备的核心技能和经验是什么。知识、经验、技能、表达能力以及管理和生产专门知识都至关重要。在挑选团队核心成员时，最重要的应该是他们能为团队贡献的专门知识。

在我们研究的高管团队中，领导者及成员都说团队成员有渊博的知识和高超的技能。[①] 无论是落后团队、平庸团队还是杰出团队，他们需要的基本能力并无二致，因为与完成任务相关的技能差异并不大。我们研究的团队基本上都是由能力很强的高管构成的。

我们发现几乎没有一支高管团队将首席财务官排除在外，至少在团队组建初期是这样。但是我们也发现，那些只能用狭隘的财务观点看问题、不具备做出集体决策能力的首席财务官被排除在外了。和任何能力很强的人一样，即便能力很强、经验丰富的首席财务官不能作为团队成员有效地开展工作，他们也仍然能够利用非常重要的专业知识和丰富的经验，以非高管团队成员的身份为组织做贡献。十分重视高管团队能力构成的首席执行官可以在需要的时候邀请这样的人以特邀身份为团队提供意见。但是，首席执行官也要向大家说明，一个团队成员除了需要具备专门技能，还需要具有团队合作

---

① 在首席执行官提到的与高管团队相关的5个主要问题中，有一个就是汉布里克（2000）指出的“高管的个人能力不足”。只有一种情况是高管完成现行任务的能力存在问题，更确切地说，是高管目光短浅，彼此间不够信任以及人际关系存在缺陷。

能力。实际上，在我们研究的团队中至少有一个这样的案例，首席执行官最终用更适合的人完全替代了首席财务官，而这个人也可以完全替代首席财务官成为高管团队的成员。

如果让团队具备技能不难做到，那么首席执行官在构建高管团队时遇到的最常见的困难是什么？在探索杰出团队、平庸团队、落后团队之间的区别时，我们研究了有效的团队成员的隐性品质，以期发现是哪些品质成就了高管团队的杰出表现。我们将杰出团队的综合能力与平庸团队、落后团队的综合能力进行了全面评估和对比，发现尽管许多品质因团队而异，但是有一部分品质和能力始终只体现在表现杰出的决策型团队成员身上。

注重考察高管的自身形象

高管团队成员必须从实现组织整体效能最大化的角度出发来思考如何发挥自身的领导职能。管理者的自身形象经常被忽视，但对有效的高管团队成员而言又非常重要。自身形象是指每个人对其在社会系统中所扮演的角色的主流认知。如果你问一个高管团队的成员他的角色是什么，那你得到的回答常常是他的职能部门职责或生产部门职责。他们会回答说他是人力资源部主管，或是某个业务部门的主管，或是市场营销总监等。即便是提及他的组织领导角色，也是最后想起来附加几句而已。

随着大多数管理者迈入组织领导者行列，他们会发现自身形象的转变落后于他们角色的变化。当一个人升迁至管理层时，他可能仍认为自己是一名普通员工；等他升为中层管理人员时，可能在一段时间内仍表现得像一线管理人员；当他成为高管团队成员时，他想的仍然是他作为职能部门领导或生产部门领导的职责。

一个人的自身形象从一线员工或部门领导向企业高管团队成员转变需要时间，需要指导，也需要耐心。有些经验丰富的高管团队成员可能已经展现出管理者的自身形象，但是你可能还需要鼓励新的高管树立自身的企业领导者形象。转变自身形象不仅要调整自我认知，而且还要改变自己多年养成的行为习惯。

当管理人员成为企业高管团队的成员时，有些人能在经过指导后很快适应，而有些人则难以适应，总认为自己仍是所在部门的代表。对于后者，最好是让他们离开高管团队，当团队需要他们的专业知识时，再邀请他们以个人的名义发挥作用。对首席执行官而言，他们需要做出的判断是，给一个人提供多长时间的指导后才能断定他的转变时间过长。

以菲利普·雷蒙德（Philippe Reymond）为例。雷蒙德在从职能部门管理者向高管团队成员转变的过程中，面临重重困难，但是经过指导后他实现了这种转变。雷蒙德是一家不断推陈出新的技术公司的首席财务官，他在财务方面才华非凡，并在推动公司上市过程中发挥了重要作用。但是在取得辉煌业绩的背后，他发现自己在成为高管团队成员后无所适从。当他和资深管理者及教练讨论自己的挫折感时，教练认为他需要重新思考如何看待自己的新角色，并为他应该如何改变提出了建议，即“你需要更像一个领导者”，但是这个建议非常含糊。

我们和雷蒙德合作时，他非常困惑。他说：“我不清楚教练希望我做什么，但我努力确保我的下属清楚哪些是关键问题，确保我们达到了公司对财务的要求，并在规定的期限内完成任务。我用了大量的时间和我的下属一起工作，用我们的财务专业知识为高管团队服务。我认为我们的工作是出色的。”

显然，雷蒙德的问题不是他缺乏财务专业技能和知识，也不是他对新的团队和领导岗位不尽心。他的问题在于他仍然固守原来的自我形象，他仍然认为自己是一个部门领导，他的职责就是确保本部门做出一流的工作并给高管团队提供合理的财务建议。所以，他的时间主要用在了自己的团队上，以确保他的下属能够尽快满足公司财务方面的最新要求，确保财务报告准确无误、按时完成。就算雷蒙德不和自己的团队在一起，他也常常把自己关在办公室里，思考的还是同样的问题，以便能够为高管团队其他成员提供尽量合理的建议。

但是，首席执行官以及雷蒙德的同事需要的不仅仅是一个财务专家，他们也告诉了雷蒙德这一点，他们希望雷蒙德成为一个全面手，不仅能够提供财务方面的专门知识，而且还要成为一个能够和他们一起就更广泛的业务问题展开讨论的同事。理解了同事的要求，接受了如何重塑新形象的专门指导之后，雷蒙德开始改变自身形象。自身形象改变之后，其他人对他的看法也随之改变，他在高管团队中的行为也随之改变。

注重考察概念思维能力

如果成员具有概念思维能力，那么高管团队将受益匪浅。概念思维能力包括综合来自各种渠道的错综复杂的信息的能力，以及从中提炼出对组织有益的信息的能力。这种能力体现在最极致处就是彻底改造组织，使组织与环境相融合，从而探索出新的成功之道。关于高管的能力研究表明，很少有人具备独立重新构思整个组织的能力。但是，通过精心构思和发挥集体的智慧，一支有效的团队常常能够发现认识组织现状和确定组织发展方向的新途径。

为了发现具备这种思维能力的团队成员，你应该注重考察那些能够站在整个组织及其背景的角度，超越个人专业领域考虑问题的人，且一定要选择可以不受约束地深入思考问题的时机来检验成员是否具备这种能力。领导者只有在有时间倾听并可以让人们自由发表言论的时候，才能发现这种能力，火冒三丈的时候是发现不了的。

当你反思你了解的高管团队时，你可能会问自己为什么没能更多地发现概念思维能力给团队带来的成果。其原因在于团队中能够体现出概念思维能力的讨论很少，例如，许多高管团队在会议上只是简单地进行以实现目标为导向的讨论，力求在最短的时间内讨论最多的事项。在这种情况下，成员还没有充分讨论每个事项便要匆忙进入下一个议题。有些团队花费大量的时间漫不经心地讨论过去的、次要的或琐碎的事项，而对关于组织未来至关重要的问题却没有进行深入讨论。如此利用团队的时间，是对构成优秀、结构良好的团队的集体智慧的亵渎。

以宏瑞的团队为例，宏瑞作为首席执行官，领导由多个部门成员构成的团队，以期挽救公司濒临破产的命运。一旦宏瑞和他的团队成功终止公司业绩下滑的趋势并实现逆转，他就将采取下一步措施扩大业务。也就是在此时，他请我们对其高管团队的所有成员进行能力评估。

然而，我们没有发现任何成员展示出很强的概念思维能力，这个结果引起了首席执行官的注意。宏瑞质疑我们的评估结果，并指出他亲自挑选的分公司总裁北泽就具备这种能力。他们两人过去曾一起共事，而且曾对另一公司的业务进行过全面改革，因此必然具备很强的概念思维能力。我们认为宏瑞的质疑是有道理的。但是，我们仍反驳他，并指出要进行概念思维，团队成员或团队必须有一定的思维空间。北泽自加入公司以来，一直在马不停蹄地工作，先是终止公司业绩的下滑趋势，然后是深入了解公司业务以思考公司的战略变革。在宏瑞主持会议的时候，团队似乎还处于转型阶段，讨论的都是运营问题，而且讨论的事项也过多，因为他认为完成 2/3 的议题会议才算成功。

经过深思熟虑，宏瑞认可了我们的结论。他承认他没有听取北泽突破性的见解，所以决定重新组建高管团队，并和团队成员一起明确团队的主要职责。他开始亲自确定会议议题，而不是像过去那样由他的行政助手来确定。每次会议只讨论 4 ～ 6 个事项，而且这些事项都与团队的目标密切相关。他向他的团队成员报告说他们现在解决的都是重要的问题，而且讨论问题的深度远远超过了过去，就像一个成员所说："我们现在是一支能够开动脑筋、做出复杂决策并执行决策的团队。"

但是，即使是最高效的团队，其成员也不可能都具备超强的概念思维能力，因为这样的人才太少了。实际上，最高效的团队可能也就只有两三个成员具备这种能力。观察具备这种能力的人开展工作能够深受启发，他们不费吹灰之力就能够综合各种信息，将组织面临的种种难题归纳得井井有条。他们认真听取同事提出的各种见解、观点，然后提出简明扼要的综合性解决方案，其效果远大于将每个人的建议简单相加。

概念思维能力几乎对每一支高管团队的成功都至关重要。正如我们指出的，运用概念思维需要时间和合理的安排，它还要求团队必须有一两个成员具备很强的概念思维能力。最好的首席执行官会付出专门的努力，让具备这种能力的高管成为他的团队的一员。

注重考察共情能力和正直守信的品质

高管团队成员以为整个组织做决策为己任，他们必须能够积极参与讨论，探索多途径解决问题或多途径发现机会。事实上，是否有能力开展这样的讨论是高管团队效能最确切的体现。

在这方面走向两个极端的团队，前景不容乐观。一个极端是团队成员对领导者提出的见解和指示表示无条件赞同。盲从是对脑力和资金的巨大浪费，特别是当团队成员从全球各地来参加每年几次的面对面会议时。而且，这种对领导者指示的服从几乎仅仅是表面上的服从，而不是真正的服从。如果团队成员认为他们的领导者脾气火爆，那我们可以理解为他们可能是要避免与领导者发生直接冲突，或是他们不愿意让他们负责的工作受团队其他成员的审查或影响，因为他们在与团队成员的交往中还没有发现可以信赖其他领导者来解决自身领域问题的迹象。这些表面上意见一致的团队最终都会在开始执行领导者指示的时候变得踌躇不前。如果他们从未将问题提出来，也没有就此听取过其他人的意见，那么他们在执行时踌躇不前也就不足为奇了。

另一个极端是争论过大以致无法做出决策。如果观察他们的争论过程，你常常会有这种感觉，就像是和他们同乘一架飞机，就在所有乘客都能看到跑道而且也感到起落架已经放下的时候，飞机引擎又突然加速旋转朝着另一个方向飞去，因为此时又有人开始争论了，而且这一次的争论还乱作一团。

我们的研究发现，有两种素质能帮助团队始终针对战略问题展开真正的热烈讨论，从而达到相互理解并做出集体决策的目的。这两种素质就是共情能力和正直守信的品质。下面我们将讲述如何考察潜在的团队成员是否具备这两种素质。

共情能力

共情能力体现在三个方面：

- 对发言者发言内容的理解能力。
- 对发言者表达的含义的理解能力。

- 对发言者发言情绪的反思能力。

这些能力都反映在一个人如何处理其他团队成员的言辞上。共情能力很强的人能够理解同事的思想，能够发现发言者传递出的对公司相关问题的深层思考，并能够在回答中直接解答发言者的疑虑。在这三种能力中，第三种能力在高管团队中最少见，因为团队成员很少会说："马库斯，我听得出你很沮丧。"但是我们发现，就算只具备前两种能力，那这也是一支成功的团队。

总之，我们发现杰出团队成员的共情能力远胜于平庸团队和落后团队成员。在杰出团队中，近 3/4 的成员具备理解发言者的发言内容及其潜在含义的能力，而在平庸和落后团队中，具备这种共情能力的成员不足一半。

为什么共情能力对高管团队成员如此重要？我们以一支不具备这一能力的团队为例，从团队成员的互动中，可以很轻易看出这一能力的重要性。这支高管团队（财经服务行业）正在就大幅裁员问题展开讨论，讨论十分艰难，也很情绪化。首席执行官维拉·卡斯特尼里（Vera Castanelli）要求所有成员就目前经济低迷的形势发表意见，并指出裁员的时机。

在团队进行艰难讨论的过程中，效益很好的一个部门的领导者戴维·迈耶斯（David Meyers）开始发言。他说："说起裁员……"他刚说到这里，对同事所说内容极度缺乏理解力的弗朗西丝·兰斯特罗姆（Frances Lanstrom）就跳出来气愤地说："迈耶斯，告诉你吧，我不明白你为什么那么担心你的工作，你的职位是一个至关重要的岗位。"迈耶斯和首席执行官卡斯特尼里都没作声。讨论仍在继续，但是依然没有达成任何一致意见。

几分钟后，在讨论中途休息期间，有个成员插话说："迈耶斯，我认为你刚才还没有说完。"迈耶斯眼睛瞪着桌子对面的兰斯特罗姆并用手指着他说："谢谢你，我并不担心我的职位，我要说的是我们正在做一件正确的事，立刻裁员是正确的决策。但是裁员对我而言非常难，因为我不得不裁掉和我同时进入公司且已经在公司工作了 18 年的人，这非常难。"

这个例子发生在一次议题高度敏感、讨论氛围紧张激烈的会议中，但是同样的行为模式也曾出现在普通会议中。有些人无法真正地理解他人的观点，没有设法清晰地理解他人话中的含义，反而在没等他人把话说完时便轻易表态，而且事后也没有修正自己对他人的理解。这些行为的存在，让在讨论问题的环境中理解他人成为泡影，更不要提达成一致意见了。

共情能力不是为了友善而友善，也不是做"老好人"。事实上，在一支成员普遍具备共情能力的杰出团队中，团队成员都有言语上的争执和激烈的冲突，只是他们体现出了他们作为精英的一面。

问题是缺乏了共情能力，团队成员就无法完成高管团队的工作。如果团队想借助集体的智慧和技能共同代表组织做出英明的决策，那这种能力就是必备的。他们在决策时，要在多种方案之间艰难地寻求平衡。如果不完全了解种种平衡选择，那就根本无法做出英明的抉择。团队不具备共情能力，团队成员就不可能感受到其他成员理解了自己的合理担心，并在决策的过程中给予了充分的考虑。所以，他们在讨论中一次次地提出反对意见，这种现象在很难达成一致意见的团队中十分常见。这种状况发展到最后，成员无法感到被认同和理解，那他们将不会在团队的实际工作中与其他成员相互配合。

具备了共情能力，还可以让团队在有些成员不在场的情况下，也能完成实际工作并做出真正的决策，这对于提高高管团队的效率大有裨益。当团队成员有很强的共情能力时，他们就能够在自己不在场的情况下放心地请其他成员代为表达意见。如此一来，即使团队在有些成员缺席的情况下做出决策，这样的决策也能经受住考验。

共情能力能够帮助高管团队提高效能，那哪些迹象可以帮助你发现具备这种能力的潜在成员呢？要寻找那些不仅能够积极倾听同事的意见，而且能够对同事提出的问题直接给予回答的成员，要注意发现那些表现出对同事所言进行认真思考的成员。我们发现许多具备共情能力的人都有一些常用的口头语，例如，“我听到你说的是……”“我对你的意思理解得对吗？”不过，仅凭使用这样的口头语并不能判断一个人是否具备共情能力，重要的是它至少说明一个人在表达自己的观点之前，能够有意识地去正确倾听他人的意见，弄清楚他人所表达的意思。此外，还要注意发现那些能够听得进别人批评意见的人，发现那些能够忍受对其观点全盘否定的人。

你选择具备共情能力的成员加入高管团队，然后有机会就强化团队的共情能力。要想让团队进行激烈的讨论，提出明智的建议，实现真正的协调共事，你也必须具备一定的共情能力。

从保罗·库克（Paul Cooke）的行为中，我们可以轻易看出团队成员不具备共情能力给团队带来的损失。库克是一家大型保健品供应商高管团队的成员，是公司下属一家效益显著的医院的负责人。他在团队会议上独断专行，只考虑个人的需要。讽刺的是，他自以为是的作风也是他作为一个领导者存在的最大的问题。他知道要以他为中心，而且一定要让团队中的每一个人都知道这一点。在涉及经费开支及其他资源的会议中，他常常夸夸其谈，将会议变成他发言的专场。首席执行官比尔·汤顿（Bill Taunton）说：“库克总是这样，我不会再签约雇用他。每次开会，3/4 的时间似乎都在讨论他的问题，他也从来不关心其他团队成员的问题。”

库克自以为是的行为反映出，他无法控制自己缺乏共情能力所带来的破坏性影响。他和其他团队成员的关系已经恶化到完全难以在一支团队中工作的地步了。由于库克不愿意或者也许无法改变自己的行为，汤顿最终将他清理出了团队。“库克非常聪明，也非常能干，但是最后我觉得他把我和其他团队成员当成了人质。他是一个可能让高管团队走向毁灭的人。”

正直守信的品质

这里所说的正直守信，并不是指这个词的一般定义，如不盗窃公司财物或基本诚实，而是指在我们研究的高管团队中，通过如下行为体现出的人格魅力：

- 将影响组织的问题提交团队讨论，即使问题的解决可能对其个人所负责的领域有负面影响，也依然如此。
- 保守秘密，不在个人圈子中透露高管对问题的讨论情况，也不传播高管在高管团队会议上的立场等流言。
- 不折不扣地执行团队做出的决策。
- 使团队做出的决策与团队和组织的价值观相一致。

正直守信的成员在团队激烈的讨论中，不会在意见未充分表达的情况下就轻言同意。他们不会以不落实团队决策的方式来表达自己对团队决策的不满。他们不会与选定的一两名同事私下沟通就达成真正的协议。在团队做出艰难的决策后，他们不会回到自己的办公室与同事们说：“我并不希望这样，都是迈克干的。”当他们在团队中已经同意对团队的所作所为共同负责时，他们不会迫于压力又独立行动。正直守信的成员注重自己的尊严和体面，并履行自己对团队做出的承诺。

如果首席执行官组建的团队由这种正直守信的成员构成，那么就连最艰难的决策也能得到正确处理，就像我们研究的一支面临选择的高管团队，他们要决定是否关闭没有收益的制造厂，有些成员赞成立刻关闭，因为这样可以节省数百万美元的成本，还可以提高公司的整体效益。这种强硬的观点却因团队成员杰夫·奥克斯（Jeff Oakes）而受到质疑。奥克斯说："我们在公司一贯强调以人为本，立刻关闭制造厂是否与我们公司的核心价值观一致？"

坚持这样的立场是有风险的，因为在有些高管团队中，如此直率无异于政治自杀。但是，奥克斯却冒着风险提醒团队要考虑公司奉行的价值观。经过长时间的讨论，团队一致认为立刻关闭制造厂可能会对员工、工会、客户和社区产生重大影响，并转而通过了一项在一年内关闭制造厂的计划。这样他们就有时间利用其他工厂来满足客户的需要，同时帮助员工实现新的就业，并帮助社区调整以适应失去主要雇主后将要面临的种种情况。公司员工和社区一点也没有听到来自高管团队的不同声音。团队贯彻他们的决策，也没有任何迹象表明许多成员曾对此激烈地表达过完全不同的意见。

再重复一遍，在团队中有共情能力且正直守信并不是做"老好人"，而是恰恰相反，你应该将构成合理的团队作为成员激烈讨论的平台，就像我们刚才讨论的团队那样。在选择潜在的团队成员时，你看重的不是成员之间意见完全一致、彼此之间彬彬有礼或成员关系顺畅和谐，而是他们将难题和完全不同的意见提出来进行讨论、加以解决并最终形成有益于企业和利益相关者的结论的能力。

入队培训，组建高管团队的工具之一

入队培训是进行个体指导的一种方式，可以帮助高管做好加入高管团队发挥作用的准备。是的，当你让一名新成员加入团队时，你不仅应该明确他在企业中的职责，而且还应该明确他在团队中的职责，以及对他作为高管团队一员的期望，尤其要特别明确，你寻求的是他为整个企业服务的专业知识，而不仅仅是针对某一部门特定领域的问题。作为企业级的领导者，团队成员通过加强企业各部门之间的联系，来管理责任划分区之间的空白，为企业做贡献。只要注意到这些，新的团队成员就可以完全承担起他的企业责任和团队成员责任了。

以下是吸纳新的高管团队成员时可能需要回答的一些问题。

1. 你希望新成员为团队做出什么样的贡献？通过讨论，团队成员达成最初的共识，你也据此将团队责任进行了完整的划分，并随着情况的变化不断调整这些责任划分。但新成员应担负的责任并没有涵盖其中，因此对他们的定位取决于你目前对团队的新期望。

2. 你希望团队成员在会议上和在会议之外有什么样的行为表现？你可能已经从最初加入团队的标准出发，制定了现在已经得到团队成员高度认可的团队规范。团队中的每个成员都清楚在团队中应该怎样做以及不应该怎样做。新的团队成员也必须清楚。

3. 哪些个体的行为特点可能不利于团队发展？哪些行为表现有利于团队工作的开展？高管在他们的职业生涯中都养成了一些习惯，这些习惯在某些情况下有益而在其他情况下却有害。你要利用你对高管和团队的了解，帮助新成员将他们最好的一面展示给高管团队。

有关这方面更多的信息，请参阅“高管团队成员入队培训”专栏。

高管团队成员入队培训

请回想一下你最近一次欢迎新高管加入企业和高管团队的情景，你是如何通过谈话让他了解你的期望的？下一次，要考虑进行下面三方面的谈话。

1. 对其履行部门职责的期望。在这次谈话中，要向新高管明确你期望他在管理部门、业务运营或区域合作中做出什么样的贡献。

2. 对其履行企业职责的期望。在这次谈话中，要向新高管明确你期望他在管理整个企业中做出什么样的贡献。要探索一些他可以用来与其他部门、单位和区域建立建设性关系的方法和策略。

3. 对其履行高管团队职责的期望。在这次谈话中，要向新的团队成员明确你期望他在履行高管团队职责时做出什么样的贡献，帮助他理解团队规范或入队标准。

清除危险的捣乱者

大多数高管经过教练指导和支持，都能够以领导力很强的自身形象出现在团队面前，练就共情等能力并表现出正直守信的良好品质。但是，有一种团队成员，他对任何团队的成功来说都是一种巨大的威胁，那就是捣乱者。而最明显的捣乱者就是拒绝接受首席执行官领导的团队成员，他们可能不认同组织的战略、运营模式或高管团队的主要目标，可能不遵守团队规范。无论何种原因，他们都可能不按照你对团队的要求行事。

大多数首席执行官愿意花费大量的时间和精力来说服这样的成员致力于团队建设，推动团队向前发展。当然，有些耐心是必要的，特别是当捣乱者的知识和经验对组织至关重要的时候。但是，不论捣乱者多么有才干，最终你必须将长期不听话的人清理出团队。

应该给妨碍团队发展的成员多长时间来适应团队呢？回顾起来，我们就这个问题采访过一些领导者，他们大多用了 6 个月甚至更长的时间来将捣乱者清理出团队，而且都后悔没有更早更快地行动。有些领导者指出，当他们将捣乱者清除出团队后，不仅消除了团队强大的分裂势力，而且在留下的成员中强化了大家对坚持团队目标和遵守团队规范重要性的认识。

弗里茨·费恩（Fritz Fein）的团队就是这种情况。费恩是一家全球制造公司的首席执行官，在我们对其团队展开研究的时候，费恩所在的公司正在与工会进行艰难而又进展缓慢的谈判。费恩的团队决定从公司与工会的关系发生剧变并产生的悲剧中吸取教训，毕竟曾有一次骚乱导致一名跨过罢工纠察线的员工死亡，所以他们一致同意只能由专门指定的成员与工会领导接触。尽管如此，公司人力资源部主管比尔·塞尔瓦（Bill Selva）还是决定与工会主席举行非正式的星期天早餐会面。在接下来的星期一早上，当塞尔瓦来参加高管团队的会议时，他和工会主席会面以及工会“瓦解”了公司高管团队的流言在公司里传得沸沸扬扬。他还不知道他与工会主席的会面已经人尽皆知，准备径直走到他的座位坐下，这时费恩说：“你今天早上还有其他工作要做，去吧，不要参加会议了。”塞尔瓦离开会议室的时候，没有人说话或有其他表示。

费恩当着其他成员的面将塞尔瓦清除出了团队。他对我们说：“这是对我和团队的背叛，是对我们达成共识的事情的一种亵渎。他完全不在乎这些，所以他不再是这支团队的一员了。”采取这样的措施并不容易，但是其传达的信息非常明确。正如费恩所说："诚实正直的人办错事不必离开团队，但是有奸诈行为、不遵守承诺的人就不能留在团队。"

捣乱者如何颠覆团队

最危险的捣乱者是公开表示同意但实际上私下行破坏之事的人。乔治·尼吉利夫斯基（Georg Nigilievsky）就是这样的人，他是一家区域性轮胎公司的运营部主管，多年来一直作为公司的二号人物努力工作，还自认为等公司首席执行官退休后他就可以接管公司。但是，他最终并没有接任公司的首席执行官，因为董事会认为尼吉利夫斯基武断、专制、任性，不具备引领公司向正确方向发展的能力。董事会需要的是一个有新见解、新思维的人，需要的是一个能够打造真正的团队的领导者，于是他们任命了一个来自竞争公司的后起之秀简·杜普雷斯（Jane Dupres）担当重任。

但是，董事会犯了一个严重的错误。他们认为杜普雷斯是外来者，是公司的新人，所以就要求杜普雷斯继续让尼吉利夫斯基担任副总裁。他们的理由是，尼吉利夫斯基不仅非常熟悉公司的情况，而且熟知轮胎生产方面的知识，并在业界受到普遍尊重。尼吉利夫斯基非常大度，甚至非常谦恭地表示同意。总之，他对董事会表示，他希望看到公司取得成功，也向杜普雷斯表示希望她取得成功。他还对杜普雷斯说，他认识到公司必须注入新鲜血液，而且尊重杜普雷斯的才华。

实际上，尼吉利夫斯基厌恶这位新任首席执行官。她年轻，他老迈；她来自北方，他来自南方；她是女人，他是男人，而且制造业实际上是男人的天下。所以，尼吉利夫斯基制订了一个计划，只要有可能就暗地里使绊子，却不轻举妄动，只等麻烦出现，就将杜普雷斯拉下马。

在接下来的两年间，尼吉利夫斯基不动声色地在背后和杜普雷斯作对，杜普雷斯却在竭力推动团队和公司向前发展。尼吉利夫斯基在背后说杜普雷斯能力有限，而且只要有可能他就在背后和他的下属、其他高管团队成员，甚至同情他没当上首席执行官的董事会成员等说他做了哪些工作。在一切公开场合，他四处谈论如何辅佐杜普雷斯，却利用手中的职权竭尽所能地不让杜普雷斯插手他管辖范围内的运营问题。

到我们研究杜普雷斯及其团队的时候，局面已经变得非常糟糕了。尼吉利夫斯基四处散布的流言已经让董事会和一些团队成员对杜普雷斯的能力产生了怀疑。通过诋毁杜普雷斯，尼吉利夫斯基几乎摧毁了人们对杜普雷斯的信任和她的自信心。他已经利用政治手腕将高管团队掌握在了自己手中。

毫无疑问，尼吉利夫斯基十分清楚公司和团队活动的情况，同样毫无疑问的是，他在动用一切手段打倒杜普雷斯。我们建议不仅要将尼吉利夫斯基清理出团队，而且要清理出公司，因为他就是捣乱者。但是，危害已经形成，杜普雷斯必须从头开始，她不仅要重新组建团队，而且要重新塑造她作为领导者的声望。在我们和杜普雷斯进行最后一次谈话的时候，杜普雷斯坦言尽管另一家更大的竞争公司给她提供了一个最高职位，但她还是拒绝了，她正在考虑换一种职业。她说，她太累了，已经准备好改换职业了。过去几年的奋斗已经让她付出了代价。

回顾整件事我们会发现，这场斗争中没有胜利者，杜普雷斯没有取胜，尼吉利夫斯基没有取胜，公司也没有取胜。这就是捣乱者带来的麻烦：他们往往会把所有人都拖下水，他们听不进正确的反馈意见，相对而言别人的指导对他们也没有作用。当遇到问题时，捣乱者会当面辩解说他们对自己的行为已经有了很深刻的认识，并强调他们这样做的理由。但是，他们的行为给我们的最重要的启示是，他们往往会隐藏他们的破坏行为，即使当面对质也是如此，而且他们做出的任何改变都不会是长久的。

认定捣乱者

认定捣乱者有时并不容易，尽管有些捣乱者行为卑鄙，行事也不光明磊落，但是大多数捣乱者还是有一些共通的行为模式的。如果你注意观察，那也是很容易识破的。为了梳理出捣乱者行为的共性，我们来分析一下我们的专家观察小组的说法（他们熟知我们所研究的团队的情况）以及我们的能力评估结果和对团队成员的访谈结果。我们的专家观察小组推荐了 14 名团队成员，他们一直妨碍着他们所在团队的进步和发展。然后我们调查了对他们的访谈内容和对他们的能力评估结果，并与其他成员做对比，分析他们的行为特点。以下是我们的发现。

首先，捣乱者并不是没有一技之长。实际上，正是他们的技术特长才让领导者难以说服自己将他们清理出团队。其次，这些人不仅仅好争辩、自以为是，而且还善于出风头，有些人实际上还可能讨人嫌。但是，如果他们高调表扬他人的想法，如果他们的好辩能够启发他人深入思考，如果他们在同意和不同意他人意见时都能够同样激烈地争辩，那么他们就不是捣乱者。

捣乱者几乎都缺乏非常重要的人际交往的技巧和能力。他们常常在共情（他们往往无视团队其他成员的担心和需要）和人品（常常当面一套背后一套）方面表现低劣。捣乱者还往往有以下两个导致高管团队错综复杂的突出特点，不过这两个特点在高管中比较少见。

1. 受害者心理。如果你问捣乱者他的工作情况，那么你会听到他不厌其烦地说人们对他不好、对他的工作评价不公平、他的贡献没有得到认可、应该得到提拔却没有等回答。多年以后，他们依然还在一遍遍地述说这些辛酸，而且从来不说或根本没有认识到自身存在的导致这些状况的原因，也不从这些不良状况中汲取有用的或有益的教训。

2. 往往全盘否定他人。捣乱者描述他人时往往充斥着咒骂的语言，如“他是个笨蛋”“她是个糟糕透顶的高管”等。他们在对话中谈到其他的人、项目、想法时，用的全是贬义词。捣乱者很少称赞或表扬其他人。[①]

尽管没有一种简单的测试能用来发现每一个捣乱者，但是下面这些迹象值得注意：

- 常常公开抱怨和批评他人。
- 使其他成员暴露他们最差的一面。
- 不就事论事而是针对个人。
- 当面不说，背后乱说。
- 常常在每件事情上和每个人的意见都相左。
- 长期说一套做一套。
- 声称知道自身行为的缺陷，但似乎无法改变。

捣乱者的存在，导致团队成员无法充分听取新的想法，从而使团队失去了发展的动力。捣乱者不在团队会议上表达他们对应该做什么的真实看法，而是私下或在领导者不在的会议上表达。他们不在强势的人面前透露自己的想法，反而更愿意在背后议论，他们欺软怕硬。

---

① 萨顿（2007）将同样的行为作为其“白痴测试”（Asshole Test）的一部分：与此人交往之后，你的感受是被轻视、被羞辱还是郁闷？被我们的专家认定为捣乱者的人在萨顿的“你是一个标准的白痴”的自我测试中，通常得分很高。虽然萨顿称之为“白痴”很可笑，但是他的基本思想却是有道理的，即表现出这些行为的人对于组织保持创新、合作和良好的绩效是一种沉重的负担。

应对捣乱者

捣乱者在场的时候，可能也是其他团队成员表现最差的时候。他们也开始按照自己的独立意愿考虑问题，在会议上不讨论自己责任范围内的重大问题，以免其他成员对此品头论足。他们表面上对团队意见表示同意，但是在实际行动中却按照自己的判断行事。为什么他们不这样做呢？如果你让不值得信赖的人留在团队，那么其他成员履行自身职责及解决自身问题的最佳策略就是不要将其暴露在团队面前。

要及早正视这些使团队不能发挥正常职能的行为，特别是这种情况发生在新成立的团队中、新加入的成员身上，发生在受人尊敬的成员身上或某一部门的专家成员身上时，一旦发现就要及早解决。对这种现象置之不理就等于告诉捣乱者和其他团队成员，这种行为是可以容忍的。不要等到这种行为恶化到对团队造成重大伤害的时候再解决，预防这种行为对团队造成伤害比消除这种行为要容易得多。

关键就在于要迅速采取措施，毫不犹豫地消除这些捣乱行为。我们所研究的在这方面做得最好的领导者之一是一家大型消费品公司的首席执行官琳恩达·麦卡弗里（Lynn McCaffrey）。她在任职期间以对团队实话实说而著名。在担任高管最初的三四个星期内，她鼓舞团队士气，阐述成立团队的目标和她的目标，然后与每个成员谈话，指出他们具有的能为团队做出杰出贡献的能力，以及会导致他们退出团队的行为。

最后，她问团队成员是否能够严格按照她的安排改变自己的不当行为。如果团队成员答应能够做到，那么她会告诉他们，她将与他们一起努力，以帮助他们改变，这就是她的做法。但是，如果没有迹象表明团队成员在改变自己的行为，即使只是在短短的两个星期之内没有改变，那这些成员也会被请出团队。麦卡弗里的做法既公平又有效。实质上，她将是否改变的决定权交给了成员本人，何去何从是成员自己的选择。

但是，需要注意的是，不要以剔除捣乱者为借口，开除那些只是与你意见相左、敢于不同意你的意见、好争辩或难管的团队成员。实际上，美国第16任总统林肯就选择了让他的主要政治对手进入内阁，正如历史学家多丽丝·古德温（Doris Goodwin）认为的那样，这是他"政治天才"的核心品质。林肯的这个主要竞争对手有时强烈表示不同意林肯的观点。按照古德温的说法，林肯就是要听取这些不同意见，以获得真知灼见、聪明才智和对问题的深刻认识，解决其任期内所面临的复杂的内战问题。

针对高管团队成员的行为问题，我们最后要说的是，团队中的无效行为常常是团队设计不佳的表现，其主要原因是团队目标不明或对团队目标没有达成共识、团队规范不严或不清、奖励制度不合理等，正是这些原因导致团队成员为了争取更有利于自己的结果而相互斗争。有时，团队成员表现不佳是因为他们试图在设计不佳的团队中工作而遭受了挫折。所以，在你认为团队成员表现很糟糕并认为他们是捣乱者之前，首先要审视一下你阐述的团队目标和搭建的团队结构。

挑选成员时的 4 个注意事项

除非你选择重新组建新的团队，否则挑选团队成员的过程就不会一帆风顺。多数新的团队领导者都是从接手一支团队入手的，而且常常是从了解团队成员入手的。在团队领导者对团队成员做出调整之前，他们要投入大量的时间辅导有才干的成员，帮助他们塑造自身形象或展现出共情及其他合作共事的能力。睿智的领导者还十分重视时间的安排，他们不轻言放弃，却也不会花费过多的时间来重塑团队和确定清晰的团队边界。

恰当组建核心团队后，为特定目的组建分团队的工作就会变得更加容易和顺畅。例如，我们在第 2 章曾叙述过美礼联化工公司的鲍勃·李重塑团队的过程。他需要构建确定潜在收购对象的分团队，他认为这支分团队（由 6 人构成的小团队）的成员不应局限于运营分团队，他还让负责业务发展的人担任分团队的领导者。他还邀请首席财务官加入团队，核心收购团队的其他 4 个成员则来自规模更大的管理委员会。核心收购团队监督收购过程中确定收购对象、谈判、整合等不同阶段各团队的工作情况。实际上，核心收购团队作为一个决策机构，负责在收购过程中组建分团队和协调各分团队的工作。

如果一个人在团队中的作用就是代表某一利益团体，那么希望他能够从整个企业出发来看待问题可能是不现实的，尽管他没有理由希望企业业绩下滑。他们的存在常常使高管团队确定的战略计划带有局限性。虽然有了这些必须加入的成员，能够扩大高管团队的规模，并拓宽团队必须考虑的利益范围，但是如果这些人能量很大并且是捣乱者，那么这样做对团队的影响将是灾难性的。

和许多高管团队的领导者面临的挑战一样，对高管团队做出调整不会有最理想的时机，因为领导者没有时间分心考虑可能采取的措施，他们必须在最紧要的关头随时做出重大的决策。组建高管团队是一个逐步递进的过程，是一个随着团队成员的离队、随着组织战略的实施和团队目标的实现不断调整的过程。

最后，为团队挑选最佳的成员，需要进行缜密的思考并有敢于行动的勇气，也就是要对成员有透彻的了解并具有当断则断的决心。本章所提到的领导者的感受是正确的，这项工作是艰难的，有时甚至是痛苦的。但是，如果想构建一支成功的团队，那这个过程也是必然的。

以下是在挑选合适成员的过程中必须牢记的一些要点：

- 这是你的团队。一个人能否加入团队取决于你，忽视了你的责任就要由你和团队承担风险。切记：团队的目标确定以后，选择团队成员可能就是你作为团队领导者要采取的最重要的行动了。一定要认真思考你是否愿意去面对那些团队和成员完全失控的局面，比如杜普雷斯面临的局面。
- 你的任务是精心挑选一群十分能干的高管帮助你管理组织。一定要根据你所确立的团队目标尽可能挑选最好的成员，他们所在的部门、拥有的头衔以及过去的经历或掌握的专业知识并不一定是入选团队成员的适当条件。而且，并不是你所有的直接下属都适合加入团队，相反，那些不是你直接下属的人也许可以为团队做出重大贡献。一定要寻求那些能够站在高管角度思考问题并展现出共情能力和正直人品的人。
- 剔除捣乱者。剔除捣乱者不一定要抹杀他们对团队和组织的贡献。要为宝贵的人才另辟蹊径，让他们为团队贡献才华，但是不要将捣乱者留在团队。
- 规划未来。组织发生了变化，有些团队成员也要随之离队。一定要培养在需要的时候就能够加入团队的潜在成员，以迅速顶替离队的成员。要寻找那些表现出或可以培养出良好的自身形象和我们已详述的才能的潜在成员。现在就开始培养潜在成员，其效果远胜于等到需要成员加入高管团队时才开始培养。

为团队挑选合适的成员只是打造杰出高管团队的其中一步。现在，你必须将那些精心选拔的精英发展成一个可以发挥作用的整体。有了合适的人员，有了清晰明确的团队目标，现在你就要开始向这个实体注入活力并给予它实际开展工作所必需的结构和支持。在本书第二部分，我们将探讨打造杰出高管团队所需要的赋能条件，以及如何让团队具备这些赋能条件。

Senior Leadership Teams

第二部分

打造高管团队的赋能条件

▸ 第4章 ◂

完善的结构
精炼团队结构是螺旋递进的过程

劳埃德·希尔在得克萨斯州上高中玩橄榄球时，就懂得了团队合作的重要性。他说："我开始明白团队的力量和它的乐趣。"因此，希尔在接管Applebee这家快速发展的餐饮连锁公司时，重新提起了"我们在得克萨斯州玩橄榄球的方式"，提到了那种力量和乐趣。

在希尔成为Applebee的首席执行官前，这家从名不见经传的中西部休闲餐饮连锁店起家的公司正在快速发展、四处扩张。但自希尔当上董事长后，他知道，如果公司再继续这样扩张下去，在如此激烈的竞争环境中，他和他的团队就不得不首先将领导权移交给下属了。希尔说："从外部看，我们在发展，而且规模越来越大，但是从内部看，我们其实是在斗争。"他担心内部因素可能会给公司的加盟商带来不良影响，因为这些精明的商人希望得到高管团队的支持。

希尔组建了一支他认为是世界一流的高管团队，这支团队由才华横溢、富有经验的成功人士组成，他们每个人都能在某一领域独当一面。但是，当团队成员试图在一起工作时，却冲突不断。团队成员认为，这是文化冲突导致的。尽管希尔想打造一种相互合作、相互支持、以人为本的企业文化，但是 Applebee 仍然弥漫着公司初建时那种无组织的创业氛围。团队成员对什么是正确的企业文化认识不一。对有些人，特别是那些伴随 Applebee 一起成长起来的员工来说，他们所钟情的企业文化正如一名高管所言，是“中西部的人努力做正确的事情”。而对其他人，特别是那些在大型的、传统的、历史悠久的公司工作过的员工来说，他们在培育更严密、更正式、更独立的工作方式的文化氛围里工作会感到更惬意。

希尔所设想的志同道合的团队是这样的，即团队中每个成员都能够为了一个共同的目标相互听取意见，并且通力合作，而不是为了争夺权力而相互倾轧，派系林立。当时的首席财务官回想起那段时光时，说：“我们的团队确实无法运转了，我们经历了最糟糕的阶段。成员间毫无信任可言，没有人会考虑他人的利益，大家也不再在意他人的关心，彼此之间产生了隔阂，甚至不再听取他人的意见。”

每个成员都知道团队根本无法有效工作，但他们仍在回避所面临的问题。希尔此时甚至仍坚持他以人为本的企业文化梦想，团队成员虽然公开赞同这个观点，但许多人私下里都心存疑虑。最后，首席财务官提醒希尔说：“希尔，我们正在走向一堆麻烦。”

这时希尔才认识到问题的紧迫性，并开始着手解决这个问题。他首先召开了为期两天的反省会，要求团队检查现状，包括成员自己的行为以及其他妨碍团队发挥领导力的障碍等。同时，他们开始制定团队规范及提高团队效能的行动计划。

团队确定了若干导致他们无法共同取得更多成就的主要问题，其中包括团队没有能力制定推动企业发展的共同策略和计划，以及执行团队在做出决策时遇到的种种困难。由于团队成员对团队工作缺乏关注，所以反过来又导致了更多的混乱，浪费了大量时间，使他们产生了挫败感，再加上团队成员缺乏责任感，最后导致更糟糕的后果。

经过多次讨论，成员们将他们的发现归纳为 3 个主要问题：

1. 团队规范的失调（“坏习惯”）是 Applebee 提高业绩的巨大障碍。
2. 在团队的角色和责任划分上，意见不一导致团队工作分裂。
3. 由于团队试图衡量的内容与 Applebee 的战略重点不一致，所以绩效管理制度不能促进公司绩效的提高。

这 3 个主要问题都是经过长时间，甚至是激烈的集体讨论后得出的，尽管困难重重，但与会者都认为时间花得值。Applebee 的首席人力资源官认为，这是团队向高效率高管团队发展的决定性时刻。他说：“我们都知道我们的问题出在哪里，我们没有像一支团队一样工作，我们缺乏基本的准则，相互之间缺乏尊重，我们也没有统一的标准。”

希尔的团队面临的问题与我们曾合作过的许多高管团队类似：作为高管团队的一部分，Applebee 高管团队的成员对于在团队协作中应该怎么做，或者如何进行有效的互动，没有明确的认识。虽然团队成员在他们各自的职权范围内都是相当杰出的人才或高管，但是他们都没有作为团队成员的经验。他们都清楚团队的目标，但是他们对于如何达成团队目标缺乏共同的理解。他们不理解团队需要完成的任务，更不知道怎样以身作则促进团队规范运作。团队规范、行为准则都不起作用。

团队任务、团队规范以及团队规模这几个要素构成了高效高管团队的第 4 个重要条件，即团队结构。我们的研究表明，完善的团队结构能够极大地提高团队成员合作实现团队目标的能力。团队结构越完善，团队也就越有效率和生产力。

而且，相比于 6 个条件中的其他 5 个，团队结构是否完善在最大程度上决定着团队是不是杰出团队。下面我们来更加详细地了解一下团队结构。

团队任务：杰出高管团队执行的是真正有意义的任务。这里所说的任务，是指团队共同完成的具体工作，如决定将公司迁往别处、决定人员续任或分析公司总部是否要搬迁。任务可以是复杂的、有知识含量和有意义的，如决定是否收购另一家公司或为培养团队领导力分配资源，也可以像许多高管团队任务表所罗列的那样，只是一些简单、要求不高和琐碎的事情。我们将杰出高管团队的任务与落后和平庸高管团队的任务做了比较，发现如果团队的任务过于简单和琐碎，那么团队苦苦挣扎的趋势就会十分明显且强烈。

团队规范：在上述 6 个条件中，清晰的团队规范，即对成员行为的共同期望这一子特征，对高管团队是否有效的影响最大。

团队规模：因为团队必须做出集体决策（如与资讯型团队相比），所以团队规模越小越好。

图 4-1 显示了这 3 个结构特性对高管团队效能的影响。在杰出团队中，这 3 个结构特性都很好。正如我们前面所指出的，杰出团队和平庸团队以及落后团队之间最大的差别，在于是否有明确的团队规范。在杰出团队中，成员十分清楚在团队中哪些行为是可接受的，哪些行为是不可接受的。团队规范不仅有助于他们为支持者提供服务，也有助于他们逐渐提高团队的领导能力和个人的领导能力。

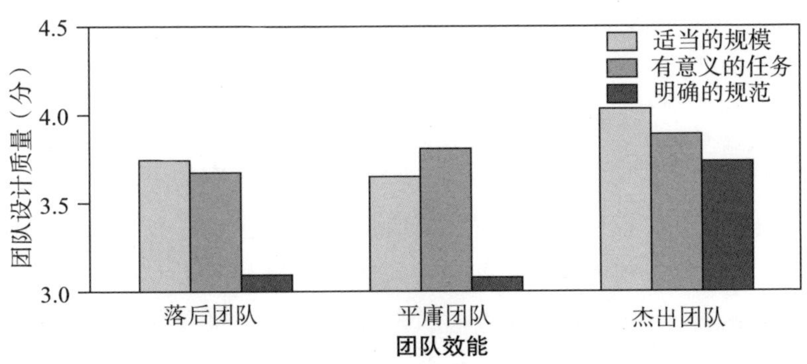

图 4–1　有效的高管团队具有完善的结构

正如我们已经讨论过的，要制定明确的、富有挑战性的目标，就需要首席执行官做大量的认知工作，而且常常是在与高管团队成员磋商后才能得出结论。我们已经解释清楚，合适的团队成员构成可能要进行艰难的选择和谈话。在这一点上，你必须成立一个边界清晰的实体，而且这个实体要对为什么团队由这些成员构成以及团队的目标有一定的认识。现在是着手工作的时候了，不是吗？

无论是或不是，高管团队成立初期都是使其结构合理并步入良性发展轨道的关键时期。从某种意义上说，新组建的团队需要你为它注入活力，并搭建提高其能力所必需的核心结构。

与 Applebee 一样，我们看到很多领导者走到这一步时忽视了关键性的结构因素，从而落入了按照老一套规则布置任务和用旧习惯开展团队工作的陷阱。当这种情况发生时，无论是在内部还是外部会议中，团队都会变得沉迷于日常琐事而失去方向，而且团队成员也无法很好地合作。

可以肯定的是，我们很容易忽视这一章所讨论的问题。如果你是一名忙忙碌碌的高管，整天疲于思考和应对许多紧急的事情，那么你可能不会觉得为团队建立一个完善的结构是一项急迫的领导任务。高管都是聪明人，他们都很清楚作为团队成员的意义。他们需要团队结构，需要让团队成员有能力担负起自己的责任，可他们很少在一个真正的相互依存的团队中工作，缺少这方面的经验。如果你让他们在团队会议中将注意力放在无足轻重的任务上，那么当他们看到真正的工作是在团队成员都不在场的团队之外完成的时，看到团队内部的工作都效率低下和不恰当时，他们的挫败感就会增加。如果出现这种局面，那高管团队往往会陷入像 Applebee 团队初期那样的处境，即"团队工作最糟糕的阶段"，这不足为奇。

关注团队结构的 3 个核心要素

将最适合团队工作的少数人组织起来，分配给他们达成团队目标所必须完成的任务，制定能让他们合作共事的团队规范，这是完善的团队结构的实质。尽管完善的结构很重要，但一旦建立，它就几乎不可见了。

在一个结构良好的团队中，你看到的只是团队发挥很好的作用，以及无论在内部会议还是外部会议上，团队都有极好的习惯。有时他们一起交流信息，向领导者简单介绍情况以及相互协调工作，但有时他们也作为一支团队来共同解决重大问题并做出重大决策。他们可以自主采取行动而不必等待指示，他们要作为一支团队来采取行动，要运用自己的知识和判断力。他们还参与自身专业领域之外的讨论，他们不盲从团队内容专家的意见，如在讨论财务问题时盲目听从首席财务官的意见，他们也不会在自己负责的领域闭目塞听。

首先，结构良好的团队是面向未来而不是着眼过去的。当然，他们也会审视他们以往的行为和表现，但是他们将大部分时间都用于解决对企业未来至关重要的战略、战术问题。其次，他们大多数的工作都是在正式会议之外进行的。会议非常重要，但如果你观察一个结构良好的团队，你就会发现许多艰难的工作都是团队在召开定期会议的间隙完成的。最后，结构良好的团队会不断评估自己的效能。成员们会搜集反映自己工作状况的数据、反馈意见以及进步迹象等。

要想在团队里建立这些模式，就必须关注团队结构的 3 个核心要素：

- 将一小部分重要的人召集在一起。正如我们已指出的，最高效的高管团队规模很小，通常不到 8 人，[①] 但是每个成员对团队的贡献都是独特的。团队成员都是千挑万选出来的，这并非基于他们的身份和地位，而是基于他们在实现团队目标中的重要性。
- 赋予团队明确的任务。让你的团队完成达成团队目标最关键的工作。团队成员需要一份简明扼要的任务清单，上面所列的都是完成团队使命最关键的任务，并让他们评价任务的完成情况。
- 一开始就制定好建设性的规范。为团队制定对合作共事来说极为重要的、清晰明确的团队规范，要求每个成员都遵守这些规范，并带头执行，要让他们知道如果不遵守这些规范，就将被清理出团队。

超越界限：团队必须精干

正如我们讨论过的，团队要有明确的界限，也就是要知道谁是团队成

① 有关团队规模对团队绩效影响的研究，结论十分清晰，即规模越大，表现越差。但是对高管团队而言，研究得出的结论却模棱两可。理解这些看似相互矛盾的研究成果的难点在于，在许多情况下，被研究的团队只是直接向首席执行官汇报工作的人数，而不是边界清晰的决策团队。本章描述的IBM高管团队的情况表明，规模很大的高管团队对发挥协调功能十分有效。

员，谁不是团队成员，这是真正的高管团队的必要条件，而且大部分界限清晰的团队往往也是精干型团队。团队规模影响的不仅仅是界限。团队规模越大，确定和执行加入团队的标准就越难；团队规模越大，提出真正的团队任务也就越难；团队规模越大，在高管团队必须参加的讨论以及随后必须做出艰难决策的过程中，就越难以协调各方的意见。实际上，我们研究过的那些庞大的、边界不清的团队，除了交流信息，也发挥不了什么作用。

图 4-2 显示了团队每增加一人程序问题的变化过程。团队规模越大，必须处理的联系和关系就越多。联系越多，你可能会遇到的关系问题和协调问题就越多。团队中的麻烦不是一个线性函数问题。

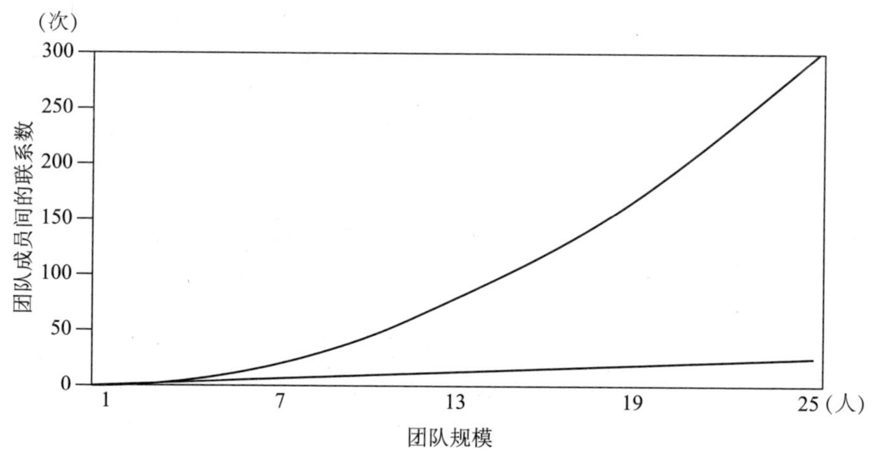

图 4-2　团队规模与团队成员之间的联系数

如果大规模团队有明确的方向和共同的准则，那该团队就可以起到统一组织思想的作用。在 IBM，当时的首席执行官郭士纳创建了一个由 300 名高管组成的团队，其任务是推动公司实现新的战略转型。这支高管团队的候选人都是由公司其他高管提名的，他们被认为是拥护改革的代表。郭士纳和他的高管团队从候选人中选出了高管团队成员，成员资格每年会根据他们对推动改革所做出的贡献进行调整。成员每年会通过面对面交流来建立联系，统一团队思想，并将公司的重点放在领导能力和变革上。

这支十分松散的高管团队有很明确的团队运作规范，包括积极支持改革、24 小时内回应成员间的要求以及在面对面交流方式以外也要相互赞扬等。但是由于团队规模过于庞大、成员流动过快，所以团队无法代表公司做出决策。这支团队只是被当作统一行动的团队来设计和领导的。

相比之下，决策型团队必须精干。我们研究过的一支团队的成员说："我们过于庞大，在一起什么重要的事都做不了！"虽然许多高管都抱怨高管团队的规模，但是无论团队已经瘫痪到何种程度，都很少有人愿意离开团队。所以公司首席执行官面临的问题是："在不疏远和不失去管理公司所需人才的前提下，如何压缩高管团队的规模？"正如你所看到的，压缩规模是可以做到的，但同时又不会给团队成员带来痛苦或疏远他们，就需要相当的领导技能。我们在此归纳了一些解决团队规模问题时可采取的措施。

首先，把你阐述团队目标的时机作为调整高管团队的时机。我们研究过许多首席执行官都很赞同这个主意，因为这可以帮助他们让一些人离开庞大的团队。这样做传递出来的信息是，人员调整不是因为离开的人没有用，而是因为团队目标变了。重新调整，组建一支新的核心团队，阐明新目标，建立新规范，就可以使团队成员体面地离开。

其次，组建其他具有不同目标的高管团队也有助于达到上述目的。例如，许多首席执行官会先组建由关键部门和职能部门的高管构成的团队来调整资源，再组建另一支团队来协调诸如产品推出、品牌重新定位等重大行动。通常，没有加入精干型核心决策团队的成员会加入统一行动团队或运营团队，只是后两种团队的面对面交流不如核心决策团队频繁。虽然核心决策团队的成员通常也会加入统一行动团队或运营团队，但是这些类型不同的团队目标截然不同，他们之间是密不可分的平级关系而不是上下级关系，并且不同类型的团队都包含各自团队结构的要素。

许多成功实施这些措施的首席执行官都能够留住所有重要的高管。但在有些案例中，也有高管离开。当你改组高管团队时，并不能保证让每一个人都体面。例如，沃尔特·梅（Walter May）是一名新任首席执行官，他采用的就是这种多团队方案，他失去了一名才华横溢的高级副总裁，这令他十分沮丧。经过反思，沃尔特·梅认为，与其说这名高级副总裁的离去与他在高管团队的地位有关，不如说是他对工作心存不满，他迟早都会离开的。沃尔特·梅最终得出结论，是核心决策团队的人员调整促使这名高级副总裁早早离职，但是他对调整团队毫不后悔。

为什么旧的团队习惯难以根除

团队规模不是造成问题的唯一原因

对糟糕的团队结构来说，规模不是造成问题的唯一原因，只要与罗氏诊断设备加拿大公司的负责人米特迈尔交流一下，你就会理解这一点。米特迈尔可以证明精心设计的团队任务和清晰明确的团队规范的重要性。

在这名年轻的首席执行官接管公司时，他发现自己接管的高管团队把主要精力都放在了小公司运行的细枝末节上，可加拿大分公司已经不再是一家小公司，其销售额在几年间已经从 5 000 万美元蹿升至 2.5 亿美元。米特迈尔回忆说，团队早期的互动都是战术性的、孤立的。这种行为模式和态度体现在团队从未作为一个整体承担重大任务，真正有重大影响力的权力都在个人手中。

米特迈尔的高管团队作为团队承担的为数不多的任务几乎没有什么意义。他们很少讨论诸如“为了更好地满足客户需要和应对竞争对手的挑战，如何调整销售策略”之类的重大问题，相反，他们讨论的重点都是“全国销售会议开幕招待会上如何排座”或“应该购买哪种吹雪机”等微不足道的问题。“设备管理员走进来说：‘好了，我们现在需要替换 4 台吹雪机，这里有 5 种类型可供选择。’突然间我们每个人都变成了吹雪机专家，‘不行，不要那种，它吹雪的方式不对！’”

办公室的安全问题最终让米特迈尔认识到他的团队处理的都是多么琐碎的事情。“几台计算机被盗之后，我们决定加强安全措施。在接下来的两三次会议上，我们都在讨论门卡的尺寸、应该刷卡进出还是持卡进出、门向哪个方向开之类的问题。最后我说：‘听着，你们到这里来应该给我们提供几种可选方案。如果你们建议我们选择多投入 5 万美元的方案，而且批准了，那么 5 分钟后就去办！’”

现在回想起来，米特迈尔明白，吹雪机和门卡问题都只是更大问题的前奏：团队成员不理解什么才是团队真正的任务，自然倾向于用原有的、过时的习惯来处理问题。在许多团队中，成员会沿用多年来形成的那种传统的、重复的合作方式共事，而且这种合作方式还是他们认为应该采用的，并且似乎已经成了团队特性不可缺少的构成部分。

米特迈尔的团队在这些狭隘的战术问题上花费了过多的时间和精力，而这些事情如果交由下级或团队某一成员来处理，可能早就更好地解决了。团队成员反复用这些熟悉但费力的方式解决问题，阻碍了他们从成员间的互动中建立概念性思维和创造性思维。

让团队会议发挥作用

你可以像米特迈尔那样改变团队的工作模式，根据团队目标调整团队的工作重点，然后持续让团队关注这些任务。你最好是在面对面的团队会议上调整团队的工作重点，因为这样所有的成员都能参与讨论。但是，杰出高管团队并不完全以开会为导向。你应该期待你的团队在最佳状态下，在正式团队工作之外，以非正式的、一对一的方式以小组的形式开展工作。

团队会议需要精心策划，否则就很容易跑题，正如《做错事的高管团队》（*Executive Teams Doing the Wrong Work*）一书中所论述的那样，团队会议跑题走向的一个极端是分歧白热化：会议上，人人暗放冷箭并捍卫自己的利益，最终决定胜负的是行政权力。

团队会议跑题走向的另一个极端是团队成员陷入令人头脑麻木、必须参加的会海之中。在这些会议上，成员被一张张幻灯片折磨得厌烦至极。某团队成员奔波数千英里，参加了一场公司会议，那简直就是幻灯片版电影节。他沮丧地说道："我绕了半个地球，就是为了来做这些？"

做错事的高管团队

对几乎任何一支高管团队来说，会议的安排和内容都非常重要，但是他们常常在寻求改善团队绩效方法的过程中忽视这些问题。会议效果好就可以发挥出巨大的作用并鼓舞士气，效果不好则有可能挫伤士气。以下是为了让会议发挥作用，高管团队应该避免的一些常见错误。

你说你的，他做他的。本次会议要求部分或全部成员简单介绍各自负责领域的情况。在成员简述的过程中（通常都会分发印刷得五彩斑斓的文稿并播放长长的幻灯片），其他团队成员甚至是首席执行官，要么一声不吭地修改自己的讲稿，要么把心思放在会后必须处理的实际工作上，要么三心二意，一边听发言一边回复电子邮件或撰写备忘录。

反思过去。这里的重点是过去，过去一个星期、一个月或一个季度的情况。反思的优点在于关注业绩，而不仅仅是了解信息，但是其缺点是反作用过大。团队成员不是积极地制定未来发展战略，而是在那里针对过去的情况进行反省、相互指责和发表马后炮式的言论，最后做出消极的短期决策。

唱独角戏。在会议上唱独角戏，也称作长篇大论。领导者在台上讲，成员在台下听，没有时间讨论或提出建议。做决策是领导者一个人的事情，而且许多决策都是已经提前做好的。独角戏式的会议如果开得适当，就会给成员提供一些信息，否则就变成了命令式，甚至是强制性的会议。这是一种发布命令或接受命令的会议。

对话。对话式的会议比独角戏式的会议略微民主一些，但是取得的成效更少。这样的会议通常反映了与会者心中最好的意图：确定议程、明确重要事项、讨论议题。但是，问题也会接踵而来。成员是代表他们各自分管的领域而不是代表公司来参加会议的，他们在不发言的时候，并没有认真倾听别人的发言，而是在想接下来自己该说什么。最令人沮丧的是，经过长时间的讨论，他们还是无法达成共识并做出集体决策。

无政府主义者的狂欢会。还有什么比团队规范和团队任务被误导更糟糕的？没有了。欢迎参加无政府主义者的狂欢会，这种会议最好的情况是变成高管各说各话，成员争相发言，没有人倾听，也没有什么重要的内容；最差的情况是发生令人不快的小规模冲突，高管混战，成员或秘密或公开地相互指责，甚至有时还会攻击领导者。

尽管这些描述似乎有些极端，但这些场景并不鲜见，有时甚至表现非常好的高管团队也会如此，他们选择忙于一些没有建设性的团队任务，导致团队的表现渐渐黯淡无光。不经过深思熟虑就安排团队会议内容，或按照习惯性的做法来安排，比如让首席执行官的行政助手询问每个人需要在会议上讨论什么问题，然后将这些问题列入会议议程，这种做法是获得完善的任务结构的最大威胁。

罗氏诊断设备加拿大公司的米特迈尔以及 Applebee 的希尔都是和他们的团队一起来确定适合团队的任务的，同时还用一套团队规范来保证团队始终着眼于建设性的任务。在这两个案例中，为了实现团队目标，他们的讨论都是开放且坦率的，有时甚至是激烈的，还得到了教练相当有力的引导。为了让新的任务和行为成为团队成员的自觉行动，他们进行了大量的练习。

两名领导者首先将团队成员召集在一起，指出哪些行为对团队工作是有益的，哪些行为是有害的；其次，明确团队的关键任务以及最需要的团队规范。希尔说："最初的讨论是重大变革的起点，人员、组织以及战略都汇聚其中。我们必须重组团队，每个人都必须清楚如何合作。"米特迈尔承认团队重组的过程十分艰难，但这也是成功重组团队的决定性时刻。他说："我们回顾了这些年的艰苦努力，发现这还是第一次真正思考作为领导者到底意味着什么。"

界定和坚守任务的 7 项措施

米特迈尔阐述了一个很好的观点，即高管团队的任务绝不仅仅是那些很快就能完成并交差的任务，而应该是根据团队目标并从如何担负起组织领导者使命的角度出发确定的。

Senior Leadership Teams 高效贴士

界定和坚守任务的 7 项措施：

1. 制定并遵照议程。
2. 从最重要的问题开始。
3. 面向未来。
4. 会前准备及参加会议。
5. 质疑有问题的任务。
6. 授权。
7. 保持重大任务的完整性。

但是，如果团队要做的事情就是掌管日常运营现状，那么团队的职责就应该限于日常运营的范围。真正高效的高管团队的工作重点应该放在解决影响组织运营的关键战略和战术问题上。当然，团队有时也必须解决一些琐事，但大多数时间都应该将注意力放在那些能够直接促使团队达成目标的更加广泛、更加重要的问题上。图 4-3 显示了领导者可赋予资讯型、顾问型、协调型和决策型 4 种不同类型团队的任务，任务从战术到战略的顺序排列。

以下是首席执行官为确保高管团队始终聚焦于最重要的任务可采取的一些措施。

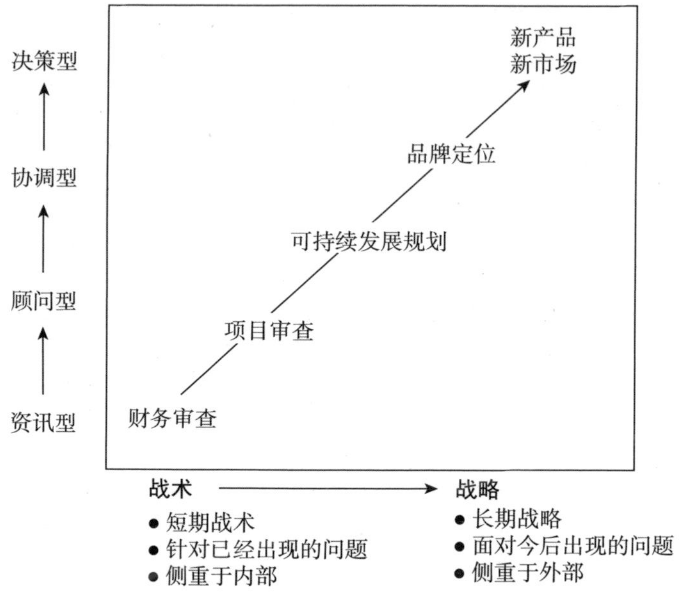

图 4–3　高管团队任务实例

制定并遵照议程

无论团队成员多么知识渊博和优秀，多么有涵养，每次团队会议都需要有个议程。好的团队议程不只是行政事务完成情况的核检表，还是保证团队集中精力完成任务的重要工具。因此，制定议程是团队及其领导者的职责，而不是领导者行政助手的职责。领导者要和团队一起精心制定重点突出的会议议程，而不能像很多首席执行官那样依靠助手电话询问团队成员“你想讨论什么”；领导者要亲自制定或由一名值得信赖的团队顾问来制定会议议程，并提前传阅以便修改。无论你采取哪种方法，都要将它作为对团队任务的阐述，并认真对待。

下面是制定并遵照议程的一些指导原则：

- 确保每项议程都是有意义的，也就是说，每一项议程都对组织有实实在在的影响，并与团队目标息息相关。以罗氏诊断设备加拿大公司团队为例，如果不能满足三个标准就不能列入议程，这三个标准分别是具有战略性、对实现任务至关重要和只有高管团队才能完成。
- 议程务必简短。由于每项议程都意义重大，所以必须有足够的时间充分讨论每项议程。但如果一次会议中有 12 项议程，那就无法做到这一点。例如，贝维拉夸团队通常将其议程限制在 3~4 个，而且每项议程的重点都放在必须取胜的任务上。
- 明确你希望团队就每项议程想要达成的结果。你希望参加会议的每个成员都得到准确无误的信息吗？你希望成员针对未来的重要问题展开讨论吗？你希望他们做出团队决策吗？在召开高管团队会议时，你就应该知道自己希望会议结束时能达成什么样的结果。
- 明确你和成员都清楚团队取得成功的衡量标准。你们如何评定决策的结果？如何才能知道团队是否在共同的任务上取得了重大进展？团队必须得到哪些有关工作结果的信息以及从谁那里获得？

从最重要的问题开始

为了解决更重要的战略问题，高管团队的会议常常从回顾过去的情况和修正存在的不足开始。很遗憾，这种做法存在着巨大风险，这会让团队工作偏离重心。有人提出工作中存在的疑问或就一些小事提出问题，其他人会回应、辩解或争论，然后所有人都参与进来。计划要召开一天的会议刚进行了 40 分钟后，会议的议程就已经被抛到九霄云外了，而应该讨论的重要问题也被大家忘记了。

团队和个人一样，很难从战术性的工作上转移到更具概括性的战略工作上。相反，从战略转向战术则要容易些。因此，从一开始就要将团队的注意力和精力引到议程中最重要的问题上，让他们有足够的时间讨论，并说明这些才是你希望高管团队解决的问题。如果你还需要团队解决一些日常的或战术性的问题，那就安排在会议结束前讨论。如果会议议程安排得很好，团队成员就不会提出诸如“吹雪机”、“门卡”或“庆祝晚宴上吃鸡还是牛排”之类的问题。

面向未来

由于高管团队会议有交流和共享信息的传统，所以很多高管团队仍然将大量时间花费在过去的事情上——检查、分析和预测最近做出的决策及其结果。这种工作方式很像我们研究过的一家大型比萨连锁店的高管团队，他们每个星期一早上用大量时间检查上个星期的销售额，每个成员都随身带着写满销售数据和详细情况的笔记本，讨论的重点常常是哪款比萨在哪个市场卖得最好以及为什么。这导致他们几乎没有时间讨论未来数个星期或数月的情况以及如何提高绩效。正如一名沮丧的团队成员戴夫·利维（Dave Levy）所言：“我们整个公司都在回顾过去，不去解决明天需要做什么的问题，也不讨论任何未来的计划。每个星期的数据都很重要，我们必须提高销售量，但是我们也必须考虑未来，考虑我们的业务到底该如何发展，并为今后的发展提供战略框架。”

利维的观点很重要。会议首先要重点讨论即将出现的问题，而对过去业绩的反思应放到最后，除非对以往业绩的讨论会对未来的行动产生至关重要的作用。如果审视过去的业绩只是纯粹提供一些信息，那么就将相关的数据以更易懂的方式汇总提供给团队成员。

会前准备及参加会议

提醒你的团队成员，必须提前为团队会议做好充分的准备，不仅要参加会议，还要参与集体讨论。会前应分发会议简报，而且团队成员应该提前阅读。等坐在会议室时再阅读会议资料不是一项有意义的团队任务，让团队成员用幻灯片演示“我负责领域的工作情况”也一样。这些都是个人的工作，团队成员最好能提前完成。一定要确保团队成员明白，你希望他们主动聆听同事的意见，并准备好讨论非自己负责领域的问题。

随着时间的推移，团队成员要逐渐在正式的团队会议之外初步讨论一些重要的问题。在我们研究过的罗氏诊断设备加拿大公司以及其他组织中，最高效的团队成员都掌握了提前做好准备的艺术。他们知道如何做好准备，如何与团队其他成员沟通意见，以便在会议开始前达成必要的共识。我们这里说的并不是在烟雾缭绕的房间里达成秘密交易或在其他团队成员的背后做些偷偷摸摸的小动作，而是进行坦诚的讨论和谈判，有效地推动团队对问题的思考和讨论，以提高会议效率。

质疑有问题的任务

无论你的计划有多好，琐碎、不恰当的任务有时还是会出现在高管团队的互动中。在贻笑大方的吹雪机事件后，米特迈尔团队的成员才开始意识到他们团队的核心任务。某天晚些时候，在一个漫长的会议结束时，首席财务官提出了档案归档的问题，要求团队同意购买几千个档案盒。米特迈尔回忆说：“这是另一次典型的吹雪机事件。”但是这一次，成员的反应与上一次截然不同，他们只是看着首席财务官说：“不，你来决定，这不是我们的会议要讨论的。”尽管首席财务官显然很失望，但是米特迈尔很高兴。从那时开始，团队对要解决哪些问题的认识更加深刻了。

授权

在许多高管团队中，他们解决的许多问题其实都是可以授权他人来处理的，既可以授权给团队某个成员，也可以授权给团队外的人。这就是罗氏诊断设备加拿大公司高管团队为了将自己从不必要的任务中解脱出来所采取的方式。米特迈尔回忆说："我认识到我们需要更深层次的授权，也就是较强的第二层决策制定者，所以我们在高管层和高管团队之间设置了新的监管层，由我们来明确他们应该做的工作，这样有助于我们明确团队不应该做哪些事情。"花些时间让你的团队明确哪些问题可以合理地授权给其他高管或团队，这是很值得的。

保持重大任务的完整性

高管团队会专注于一些小问题，最常见的一个原因是，领导者和成员往往将重大任务化整为零，而不是由团队共同完成。有些首席执行官及其团队成员会将那些重大任务分解成一些小任务，然后交由团队成员处理。他们认为，等分解出来的小任务完成，再将它们汇总起来，就可以让工作变得更容易管理。但是，这样做却回避了团队应该做的真正工作，即共同做出重大决策。要避免像这样将重大任务化整为零的情况，就要保持团队精干特性和重大任务的完整性。

根据特有问题制定团队规范

团队规范必须由团队共同认可

正如米特迈尔在首席财务官提出讨论采购几千个档案盒的问题时所发现的，无论团队任务多么明确，团队都需要有一套运作规范，明确规定团队成员应该做的和不应该做的事情。就算团队成员在行为上出现的问题再小，也只有在他纠正了不当行为之后，团队才能放心地对真正应该由高管团队解决的问题进行讨论。

制定一整套成员共同认可的团队规范，有助于让高管团队有效完成重大任务。我们研究过的所有杰出团队都有一套针对各自特殊情况的团队规范。和团队任务列表一样，团队规范应该清晰明确、简洁具体。虽然许多规范十分重要，可以适用于任何高管团队（见表 4-1），但是一个有效的团队确定的规范都只针对自身特有的问题和具体的情况。

表4–1　4个普遍适用的高管团队规范

团队规范	具体含义
尽职尽责	对待自己在团队中的成员角色，要像对待自己在独立部门中的领导者角色一样认真严肃
公开透明	如果事情会对团队中至少两人产生影响，那就将其放到团队会议上讨论
积极参与	对于涉及整个组织的问题，欢迎每个成员发表意见
内外一致	在团队内的言行和在团队外的言行相一致

无论你是否采取措施来建立团队规范，它都会形成。但是，自然形成的规范通常对提高高管团队的效能毫无帮助。就像团队没有达成明确共识时经常发生的情况一样，每个成员都奉行自己的行为准则。这种隐含的规范常常从团队成员的行为下降到底线时开始形成，也就是从团队效能呈螺旋式下降开始。例如，如果一个成员缺席一次会议而没有被质问，那么团队规范就会变成“缺席一次会议是可以的”，随后不可避免地就会有成员决定挑战规范的底线，开始缺席两次会议，一旦同样没有被质问，团队规范就会变成“缺席两次会议也是可以的”。长此以往，团队成员不断试探团队底线，看看他

们在不付出任何政治资本的情况下到底能够走多远，而事实上，他们通常可以走得很远。

这个过程是可以理解的。例如，一个成员决定缺席高管团队会议，转而忙其他工作，这意味着他对工作的重要性有自己的认识。一旦领导者不能纠正这种认识，那么这个成员就会认为他对工作重要性的认识是正确的，而且也向其他团队成员证明了团队工作不如个人职责重要。如果团队深受琐碎议题的困扰，那么对想为组织做正确事情的高管而言，他们的选择就是有意义的。

但是，面对不良规范引发的种种难题和团队四分五裂的局面，领导者通常会犹豫是否要建立用于指导成员行为的正式规范。团队成员毕竟都是经验丰富的高管，不必由别人来告诉他们应该怎么做，他们很可能也不想让别人来告诉他们该怎么做。让他们坐下来，并在长时间讨论后提出一套行为准则，可能会令他们焦躁不安。但是，领导者不解决团队结构问题是团队形成不良规范的主要原因，而帮助团队制定团队规范是唯一的解决办法。

我们发现，许多高管团队的成员和领导者的一些行为都会扼杀团队的有效合作，如不回复其他团队成员的电子邮件，或每次会议上都用大量时间粗略地浏览大量邮件。在一个令人吃惊的案例中，首席执行官召开会议听取 12 名委员会成员关于打造新品牌计划的至关重要的报告，但他自己却没有参加，留下了一屋子倍感气愤和失望的高管，特别让这些高管无法接受的是，这样的事情不是第一次发生。

虽然我们见到的大部分不良行为还没有恶劣到这种程度，但是它仍然会弱化团队，如成员间相互评头论足，会议的主题与己无关时便高高挂起或查看电子邮件，会议结束后对其他成员和团队决策指指点点。毫无疑问，这些不良行为最终会让团队偏离正确的轨道，并让团队的努力付之东流。有效的团队规范必须禁止这些行为，这些行为会让团队无法针对问题展开激烈的讨论。团队规范要有效，就绝不能仅仅是用华丽辞藻阐述的团队价值观，而必须是团队成员共同认可的具体的行为准则。最后，为了保证团队规范的有效性，必须将那些一贯违反规范的成员清除出队。

Applebee 的团队规范

建立信任： 诚实正直；忠诚于其他成员，捍卫其他成员的权利，即使他们不在场也要信守承诺；事情无论大小，毫不隐瞒；尊重他人；欢迎其他成员对你分管的领域表示出兴趣（不封闭自己管理的领域）或对其提出疑问；相互合作，及时反馈并帮助他人。

坚定果断： 量力而行，富有创新精神，勇于承认错误（迅速改正，并且让同事也从中吸取教训），勇敢无畏，坚持立场。

勇于负责： 发现问题，承担责任，解决问题。

主持好会议： 会议必须提前周密计划（附有议题）；按时开始和结束；所有参会者到会；一次只能有一个成员讲话，不允许私下嘀嘀咕咕；会议结束时必须归纳总结下一步的计划和责任。

完成任务： 成员应该通过展示“完成任务有钢铁般的意志和决心”来兑现承诺。

工作生活两不误： 成员应该能兼顾工作和生活。

享受生活：生命是短暂的。

以上就是 Applebee 团队制定的团队规范。希尔将他们制定团队规范的那次会议描述成“我生命中最痛苦的两天”，经过长时间，有时甚至是尴尬的讨论后，团队成员终于达成了难得的共识：他们承认缺乏基本的行为准则。成员开始认识到：只有人人都致力于改变自己的行为，团队才能取得成功。有个成员说道：“真是醍醐灌顶，我们大眼瞪小眼地感叹，‘知道吗？问题就出在我们自己身上’，变化就是从那时开始的。”

以此为起点，Applebee 的团队成员开始制定一套团队规范，虽然过程有时是痛苦的，但结果是好的，他们制定出了团队规范。他们针对的是过去常常让团队脱离正确轨道的不良行为，如不能准时出席会议和打断其他成员的发言等。

联合利华饮食策划公司的团队也提出了类似的对团队成功至关重要的团队规范（见“饮食策划公司高管团队规范”）。与 Applebee 团队的情况一样，它的提出也经历了激烈的，有时甚至是痛苦的讨论。但是回顾起来，团队成员都认为这是团队非常重要的转折点。

饮食策划公司高管团队规范

清楚职责：我们认为应该明确角色和职责。

透明：我们认为应该共同交流各自的想法和知识，隐瞒事项的行为是不可容忍的。

积极倾听：在会议中，每个成员都要认真倾听他人的发言，承认别人对团队做出的贡献，并在制定团队决策中发挥积极作用。

使用通用语言：演示、讲解和评价问题时使用通用语言。

参与：参加会议和认真做好准备是每一个成员都应该优先考虑的事情。

领导者带头：领导者做出的决议要全体成员同意，才能通过，还是多数人同意便可通过，或是由领导者最后拍板。

决议就是决议：一旦做出决策，每个成员都要服从。不对已经做出的决策进行反复讨论，不允许消极对抗团队决策。

对外一致：会议结束后，对外只能有一个声音，每一个成员都代表整支团队。

大家都是客户：我们要像对待客户一样相互关心；召开会议时始终留有一个“空座位”，象征着客户就在我们中间。

相互帮助：我们将随时相互帮助。

对局外人来说，这些团队规范看起来很简单。确实，由于不清楚制定这些规范的背景，因此内容看起来简单乏味。但是对该团队来说，得出这些规范的讨论过程却有极大的冲击力。平淡无奇的一句“公平对待每一个人”，对于局外人可能没有什么震慑力，但是这条规范的形成，是团队成员勇敢指出首席执行官包庇首席财务官频繁缺席团队会议的结果，知道这一过程的人就能体会到它对团队的非凡意义。因为有了这条规范，当某个成员的行为违反了他曾经同意并且致力于遵守的准则后，团队中的其他成员就可以提醒他（包括领导者）注意自己的行为。

领导者必须以身作则、执行规范

首席执行官是建立团队规范的关键，因为领导者容忍的任何团队行为都会被其他成员效仿。就像确定团队目标和团队成员一样，首席执行官是制定团队规范和确保成员遵守规范的最终责任人。

制定规范的过程是一个逐步深入的过程。通常，团队需要从最基本的行为准则开始，如“不要打断他人说话、人人都要参与讨论、不许接听手机”等。在确定团队目标和团队成员的过程中，这些行为准则即便是在团队建立初期，也能够引导团队成员的行为。但是，一旦首席执行官决定了谁留在团队、谁离开团队后，就到了让团队成员讨论团队规范的时候了。

一个简单但非常重要的行为准则是，例如，团队成员要商议他们共同的职责，不仅要在首席执行官面前这样做，而且要在他们的日常工作中也这样做。如果一个部门要雇用人员来填补一个重要岗位，那么该部门的领导者应该事先而不是事后征求人力资源部领导者的意见。另外，各下属团队应该共同完成重要的任务。如果你掌管的是一家跨国公司，那么应该要求团队成员利用电视会议、电话会议或其他能用到的任何方式来相互协作。

再举一个例子，有些团队的规范要求明确关键用词的含义，这为团队带来了很大的好处。我们研究过的某高管团队的领导者称，公司需要在本财政年度的最后两个季度进入“成本控制模式”，以便实现公司的财务目标。团队成员点头表示赞同，讨论仍继续进行。当时参加讨论的一个成员问道：

"我听他提到成本控制，但是我不知道你们说的成本控制是什么意思。"这名领导者就对有人打断他的话不太高兴，但是有一个成员回应道："就是说我们停止人员招募。"另一个成员说道："完全不是这个意思，而是说已经启动的招募继续进行，未启动的就不要再进行了。"第三个成员说："招募人员不是问题，要控制的是未经批准的出差。"这件事给了这支团队一个深刻的教训，成员们在思考，如果在没有明白"成本控制"一词含义的情况下继续讨论下去，那结果会如何。

好的规范都是对什么妨碍了团队发展和什么有助于团队发展进行认真评定后的结果，是经过团队反复讨论和共同分析后才得以确定和精炼的。成员必须严格遵守自己倡导的行为准则。但是，领导者常常忽视了自己不遵守团队规范带来的不良影响。例如，我们曾研究过一家大型企业，该企业领导者第一个提出团队会议应该是一个能让成员坦诚相待的场所，但是成员却私下里表示，如果在讨论中对他的行为稍加质疑，那他就会是第一个感到不快的人。

好的团队领导者不仅能自己严格遵守团队规范，而且能积极促使团队成员遵守。例如联合利华的贝维拉夸，他在团队会议开始时会重温团队一致认可的入队条例，还会毫不留情地批评违反团队规范的成员。尽管成员的意见对制定团队规范至关重要，但是作为领导者，他必须在他们的行为刚出现偏差时就给予指导和纠正。这样做开始时可能会令人尴尬，但是长此以往，团队成员就会知道你对他们行为的期望，最终将使团队规范成为团队结构中自我维持的一部分。最出色的团队领导者还将执行团队规范作为团队学习的机会。

以吉娜·巴勒莫（Gina Palermo）为例，巴勒莫是一家跨国技术公司最大部门的领导者，她的团队很长时间以来一直在努力考虑先团队后个人的问题。她不断告诫团队成员:“伙计们，我们各自为战的时间太长了。现在你们是这支团队的一员，所以必须首先考虑我们这个集体的绩效，其次才能考虑你们各自部门的绩效。”一段时间内，团队似乎秉承了这个理念，但随后某一天他们似乎又忘记了。就在团队成员同意小比例地降低各自部门绩效奖的增长幅度，以便减少预算中关键的 3 000 万美元后，巴勒莫发现有人食言，这导致还有 1 000 万美元的缺口。

尽管巴勒莫很气愤，但她还是忍耐到了下一次会议结束时才解决这一问题。她语气平静但很严肃地要求团队成员告诉她发生了什么事:“上次我们开会的时候，我说过要优先考虑集体利益，然后再考虑个人利益。我们都同意这么做，但是最后我们还缺 1 000 万美元。谁能给我解释一下这是怎么回事。”

团队成员接连承认他们为了本部门人员的利益而背弃了达成的协议。尽管巴勒莫相当愤怒，但她没有痛斥团队成员，而是心平气和地强调了把团队利益放在首位的重要性。她告诉这些成员，虽然她理解他们每个人的顾虑，但是他们必须把这些问题在团队会议上提出来，而不应该背着其他成员私自违背协议。然后，她让团队成员就该如何弥补现有缺口提出意见。

巴勒莫的例子突出了团队规范的关键点，即团队规范是在团队会议上制定的，其目的是指导团队成员在各项工作中的行为，特别是那些在会议之外的行为以及其他成员不在场时的行为。有了团队规范，你就可以为团队成员分配需要更多相互支持才能完成的任务。当做出决策并付诸实践时，就能够体现出强有力的团队规范带来的好处了。当团队已经做出决定但讨论中成员意见不一致时，你有权要求他们在走出会议室后对外保持一致意见，因为这是团队的决定，团队成员要统一战线。你必须提醒团队成员，持不同意见的人绝不能回到自己的部门后责怪支持团队决策的其他成员。

只有当你谴责了违反规范的人后，其他团队成员才会将这条被违背的规范视为真正的规范。例如，某大型公司分公司总裁列夫·兰丹（Lev Landan）及其团队制定了一条诚信准则，即在团队时的言行要与不在团队时的言行一致。兰丹召集团队成员明确团队应该共同承担的责任，其中有一项是管理人员的接替工作。

在这次会议上，团队成员同意人力资源部参与接替计划，并评估和聘请将要接替高管岗位的人。但是，担任区域公司高管的成员阿维·迈尔（Avi Mier）只是走了个形式，没有真正按照会议的明确要求去做。当公司出现了一个职位空缺后，迈尔习惯性地在最后面试候选人的前几天才通知人力资源部。到公司所在地需要乘坐飞机，人力资源部经理简·佩奇（Jaan Page）至少有两次无法按时到达，履行职责。佩奇在第一次未能按时到达时曾质问迈尔，迈尔道歉，并表示以后不会再出现这种情况。当第二次出现这种情况时，佩奇将情况反映给了兰丹。与这两个成员谈话了解情况后，兰丹明确表示这种做法是不能接受的，也是不可容忍的。他要求这两个成员把这个问题解决好。从此以后，再未发生过此类事情。

长此以往，最高效的高管团队的成员就会日益担负起改进和维护团队规范的责任，从而慢慢减少你在这方面的责任。珍·沃伦（Jen Warren）是我们研究过的一名分公司总裁，她从一开始就制定了严格的要求，从而实现了这种责任转移。由于厌倦了团队成员把不能在最后期限前完成任务归咎于公司没有给他们提供需要的数据，她最终要求："从今往后，不能再将无法在最后期限前完成任务归咎于公司了。你们都是高管，我希望你们能自己解决问题，按时完成任务。"对这支团队而言，在当时的情况下，提出这条特殊的规范对其有效运作至关重要。几个月后，沃伦偶然听到一个刚加入团队的成员在第一次参加会议的途中请教一个资深成员注意事项，资深成员答道："无论做什么，如果没能按时完成任务，都不要抱怨公司。"

完善结构的 4 个步骤

完善的团队结构须具备的 3 个核心要素是：保持团队精干特性、赋予团队有意义的任务和制定团队规范。这 3 个要素是让团队充满活力和发挥作用的法宝。我们将为团队建立良好结构的步骤归纳如下。

1. 看看团队规模是否过于庞大。团队矛盾会随着团队规模的增大而加速升级，你可以考虑通过重组来精简团队，尽可能使团队成为完成任务所需要的精干型团队。

2. 将有意义的任务列入团队工作安排，去除繁杂琐事。高管团队共同完成的任务对公司的重要性应该大于对每个成员的重要性。完成哪些任务必须经过深思熟虑才能确定，不能通过给成员打电话询问的方式来确定他们需要将哪些任务列入工作安排。一定要确保给团队的任务必须是需要团队合作才能完成的，是对公司的领导力有直接影响的。

3. 制定和实施健全的团队规范，并让团队成员参与改进规范。要根据会议行为确定一些基本规范，当发现有成员违反团队规范时，要责令其改正，自己也要以身作则。一旦团队走向成熟，就要让团队成员根据他们的体验确定哪些是最重要的规范，即那些“必须遵守”和“绝不允许”的行为。

4. 和团队成员一起重新审视团队结构。打造完善的团队结构是一个永无止境的过程，我们已经探讨了团队结构的方方面面，包括确定团队成员、明确团队任务、制定团队规范。这看起来似乎是一个线性的过程，因为书要一页一页地看，所以我们也只能一项一项地按顺序叙述。但是构造和精炼团队结构是一个循环往复、逐步递进的过程。任何一方面发生变化后都需要重新审视其他方面。杰出高管团队经常随着环境的变化和团队的日趋成熟而改进团队规范，重新评价他们承担的任务。

我们接下来会讨论为高管团队营造更好的组织环境可采取的措施，即为团队顺利、方便地开展工作提供支持性资源，但是我们暂时先回到本章开头的内容。还记得 Applebee 团队吗？该团队最初并不是一支真正的团队，团队规范建立后，希尔就很清楚有些成员没有按照规范行事。他最终得出的结论是这些人不适合在团队工作。

最终，希尔对高管团队进行了重组，将成员从 5 人缩减至 4 人，并替换了一个成员。即使已经过去了很长时间，希尔在谈及这件事时仍感到难受，他承担了做出这些决定的全部责任。回顾起来，他说早在调整团队之前的很长一段时间里，他就知道这支团队毫无作用，但是他没有下定决心去解决。他说："我的直觉告诉我，我让错误的人加入了错误的团队。我努力了，但是我认为我失败了。这是我的团队和我的问题。"

希尔下决心不再重蹈覆辙，他在挑选新的团队成员时采取了更加果断、慎重的方法。他不仅要求团队成员拥有丰富的经验，掌握恰当的技术技能，还要考察候选人的能力、行为以及价值观是否与团队、公司的文化相适应。潜在的团队成员在加入团队之前就要学习团队规范。

他的做法大大扭转了局面，从那时开始，团队以及公司的绩效就有了显著提高，而且团队开始充满乐趣，这是希尔认为至关重要的。正如一个成员所说："我们从未如此开心和轻松过，我们发自内心地欣赏对方，我们之间的信任达到了空前的水平，现在我们才体会到我们是一支引领公司发展的团队。"

▸ 第 5 章 ◂

支持机制
最杰出的高管团队也需要支持

1993 年，郭士纳接管 IBM 后，很快就确定，如果 IBM 想重新获得市场优势，就必须将自己从各职能部门各自为政、条块分割的庞大公司转变成一家更扁平的、矩阵式的公司。他认识到，要做到这一点，就必须重塑高管团队以及各业务部门的管理团队。

他承袭的管理模式存在着结构性障碍，会导致公司决策迟缓，同时还会造成公司部门设置冗余重复，使部门及个人之间互相制约。郭士纳深知要消除这些障碍，就必须改变 IBM 的高管及高管团队的行为方式。首先，公司要改变领导者的个人英雄主义作风。个人英雄主义会造成高管只注重自己所在部门或单位的利益，这往往会损害公司其他部门或单位的利益。其次，高管需要更加注重部门间的合作与授权，而不是相互命令与控制。因此，郭士纳开始营造新的企业文化，他试图在这种企业文化里实现高管间的通力合作，以打造强大的高管团队，并提供培训，以提升他们管理自己领域事务的能力，同时提升管理公司的整体能力。

这一历时多年的艰巨改革所取得的成功，不仅被写进了郭士纳的书和大量文献中，而且在公司的业绩上也得到了体现：在短短几年里，IBM 的股票价格飙升，在激烈的行业竞争中又一次处于强势地位。

IBM 成功的原因是多方面的，其中包括郭士纳为他的高管团队提供的支持机制。在为公司以及公司的各个机构和业务部门打造新的高管团队时，郭士纳会仔细评估高管的才能，寻找能力符合新的企业文化要求的高管。同时，他也会提供培训和发展机会给能力达不到新的企业文化要求的高管。按照郭士纳的要求，公司为受训人员制定了发展标准，并根据他们的进步与成长，给予相应的奖励，以帮助他们成为团队需要的高管。

总之，IBM 在郭士纳的领导下，为高管团队提供了一种重要而又往往容易被忽视的机制——支持机制。

从支持资源看高管团队的优劣

似乎存在这样一种情况，如果在公司里有任何团体能够得到它所需要的资源支持，那肯定就是高管团队，毕竟他们掌握公司的资源并有支配资金的权力。与一线团队相比，高管团队可以直接提出任何资源要求。然而我们的研究却发现，高管团队缺乏实现高效团队协作所需要的基本支持。我们研究的大部分高管团队在向一线团队提供资源支持时，往往比向自身提供资源支持时做得更好。

当涉及拥有必要的资源时，高管团队往往像是鞋匠的儿子，没有一双体面的鞋子。原因有两点：

1. 高管团队本身并没有意识到他们需要这些资源支持。
2. 作为组织资源的管理者，他们认为不应该把钱花在自己身上。过度节俭变成了思想的禁锢，尽管高管能得到相当丰厚的报酬，但他们还是坚持认为要节约组织资源。

他们当然应该节约资源。但是，我们谈论的必要资源，不是指到高级场所消费或是去游山玩水，也不是指那些令无数高管堕落的过分奢侈，而是指能帮助高管顺利开展工作的资源。通过研究，我们归纳出了最重要的 4 类支持机制。

Senior Leadership Teams 高效贴士

高管团队的 4 类支持机制：

1. 奖励机制。
2. 信息机制。
3. 培训机制。
4. 资源机制。

奖励机制： 杰出高管团队会实行奖励策略来肯定并鼓励团队成员对组织做出的贡献。

信息机制： 杰出高管团队会根据不同的目的采取不同的形式，以积极获取他们所需的信息，其中包括能帮助团队成员评估团队业绩的方法。

培训机制： 杰出高管团队的领导者会寻求外界的帮助，以发展团队能力，为团队成员提供培训，帮助他们了解自己不擅长的领域，必要时还会聘请外部技术专家。

资源机制： 高管团队与一线管理团队一样需要基本的物质资源来完成团队协作，包括充足的时间、空间、人员支持和日常物资。优秀的首席执行官会确保他的团队能获得这些资源的支持。

我们的研究表明，通过上述 4 类支持机制就可以区分高管团队的优劣了。图 5-1 显示了我们所研究的高管团队在奖励、信息、培训方面的排位情况。与平庸团队和落后团队相比，杰出团队不会吝惜支持资源。

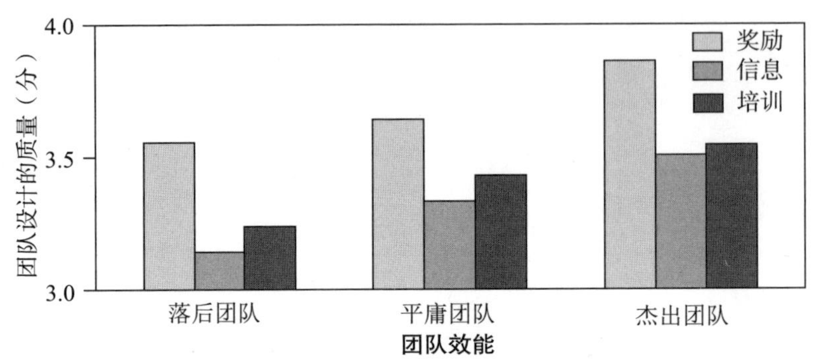

图 5-1　杰出高管团队能得到更多的支持

首先，与平庸团队和落后团队相比，杰出团队的成员更有可能获得以整体团队业绩为基础的奖励，而不单是以个人贡献为基础的奖励。

其次，在团队协作和各种管理职责方面，杰出团队的成员愿意寻求他人的帮助来提高团队做出英明决策的能力。

最后，杰出团队注重信息的获取。他们会要求负责信息收集的人员确保数据的准确性和适当性，以便对公司事务进行评估和管理。

那么日常物质资源方面的情况怎么样呢？图 5-2 显示了落后团队与其他团队之间的主要不同之处。这些落后团队丧失了客户源，而且团队和个人没有任何明显好转的迹象。在我们研究过的高管团队里，落后团队明显缺乏资源支持，它们不像平庸团队或杰出团队那样，能够为自己获取必要的时间和帮助。这些资源短缺的团队并没有面临无法获得开展工作所需的物资的危机，而是他们的首席执行官没有足够重视物资供应，导致团队效能出现下滑趋势。

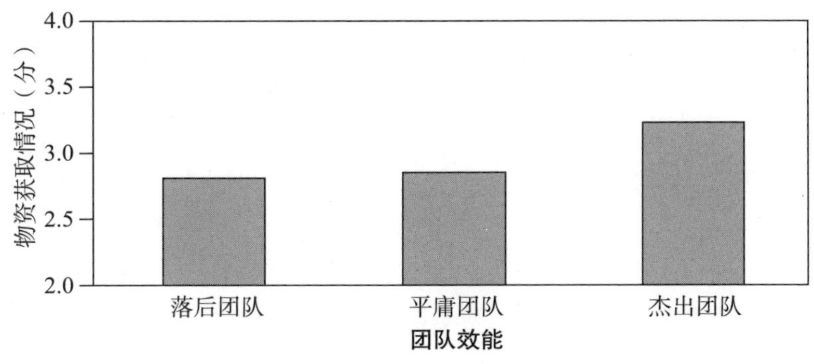

图 5-2　落后团队的不足

接下来，我们将列出领导者为团队提供支持时需要重点排除的障碍，并通过案例分析在引入支持机制提高团队效能时，他们可以采取的措施。

奖励机制：高效的薪金制度必须催生并强化团队协作

只要观察一下 IBM 首席执行官郭士纳把钱用在了什么地方，我们就能知道他对团队效率的重视。郭士纳接管 IBM 之前，高管取得的奖金完全是以个人业绩为基础的。在郭士纳到任后的一年里，他将高管的每笔奖金的相当一部分与团队的业绩挂钩。IBM 的这一举措并没有什么不同寻常之处，因为很多公司都采取过不同形式的薪金策略，他们都将薪金部分地与整个公司的效益联系在一起。但 IBM 采取了更进一步的措施，即高管的薪金也与合格的团队成员所必需具备的重要品质与能力挂钩。还有一项奖励也与这些能力的培养联系在一起，那就是获得成为郭士纳高层领导小组成员的机会。郭士纳高层领导小组是高层领导者的一个重要论坛，它向任何有能力的人敞开大门，为他们提供信息并授予职位。那些不能适应新行为准则或是退步到原来样子的人，是没有机会进入这个小组的，即便是已经加入郭士纳高层领导小组的成员，如果出现上述情况，也会被除名。

IBM 的方法并非独一无二。很多公司都采用了薪金策略来培养并增强团队协作精神，然而很多公司却不知道要不要以高管团队为公司做出的贡献为基础进行奖励。首席执行官常常会有这样的疑问，该怎样衡量高管团队的业绩呢？怎样权衡团队奖励与个人奖励之间的关系呢？这些问题还没有很好的答案，因为几乎没有高管团队成员的业绩是通过团队业绩来衡量的。不过个人业绩却得到了充分衡量，他们也得到了相应的酬劳。公司业绩蒸蒸日上，但是高管团队的效能却不然。

此外，美国上市公司高管团队的薪金是受董事会薪金委员会控制的。因此对首席执行官来说，要确保高管团队能够得到丰厚的酬劳，就要有能力影响董事会。

将团队的集体奖励与公司的总体业绩如年收入、利润或股票价格挂钩，这样做可以吗？毕竟，拥有决策权的高管团队在实现公司效益上起着决定性的作用。虽然这只是一个普通的薪金策略，但仍然存在风险，尤其是在拥有多种业务且跨越不同地区的大型公司中，高管团队的效能与公司整体业绩的关系并不大。例如，如果公司的大部分业绩只归功于公司中少数承担经营管理职责的人，那么，其他人就会觉得自己对公司的业绩没有帮助或没有影响。

我们并不是说高管的薪金不应该以公司的整体效益为基础，而是说仅靠这种方法确定薪金不足以实现团队协作。尽管衡量公司业绩的方法唾手可得且数量众多，但这些往往都太过宽泛，无法准确衡量高管团队的业绩。简单来说就是公司业绩好不等于高管团队做得好，反之亦然。的确，尽管股东会把股票价格作为衡量高管团队业绩的指标，但这一指标可能与高管团队的作为几乎没有关系。公司的好运气或坏运气可能反映了市场外部环境的好或坏，却反映不出高管团队效率的高或低。

另外，单以业绩为基础支付团队成员薪金会影响高管团队的工作效率，因为这其中有太多的主观性，尤其是当几名团队成员共同创造了某项业绩，再以此业绩为基础分配薪金时，会导致团队成员为争得自己的薪金份额而钩心斗角。这会引起团队动荡，从而影响团队的工作效率。①

高效的薪金机制必须能催生并强化团队成员间的协作精神，并让他们通过协作来完成团队目标。或许对高管团队来说，最有效的薪金机制要考虑到薪金与公司长远的、总体的业绩挂钩的因素，再平衡以一个较小的、团队成员可以施加影响或可控制的、具有重要战略意义的因素，例如，将产品和服务成功拓展到新的区域或成功完成一项大的采购等。

我们研究的高管团队中，有些已经形成了既能提升作为团队成员的首席执行官的行为力，又能提高团队整体效率的薪金机制。例如，在首席执行官希尔的领导下，Applebee 的高管团队成员同意将他们的一部分奖金与团队氛围和公司文化的改变挂钩。他们制订的“Big Apple Metrics”激励计划要求团队成员用相当一部分的奖金共担风险，从而改变某些行为方式。这个概

① 西格尔和汉布里克（2005）告诉我们，行业的技术强度必须在高管间建立协同一致的信息处理机制和团队合作机制，而且当薪金存在较大差异时，这种协同效果会削弱。他们的研究成果表明，高管间较大的薪金差别不利于他们之间的合作，而且最终也不利于公司的创新发展和绩效增长。

念是由人力资源部的高管提出的，他对团队成员说：“瞧，让我们拿出些钱放在这儿做赌注，要多拿点出来，输了的话不要像被蚊子叮了似的挠挠就不痒了，而要输得心疼、输得流血。”这个方法直截了当，团队成员同意拿出总奖金的 5 %与改进管理能力和营造团队气氛挂钩。随后他们用高度标准化的方法对改进情况进行年度评审。

这是一个颇有成效的决定。在实施激励计划的最初 4 年里，尽管第一次的测评结果让人失望，但后来团队的工作氛围有了显著的改善。随着希尔及其团队成员继续强化他们的共同目标，Applebee 的效益也显著提高。一个团队成员说：“自从启动这一计划，我们公司的业绩就有了不可思议的变化，团队氛围和公司业绩间的相关性呈现出最积极良性的一面。”2000 年到 2003 年，Applebee 的每股收益均超过同行业的其他股票，增长速度也是竞争对手的两倍之多。同时，Applebee 的销售额加速增长，而它的很多竞争对手却出现销售下滑的状况。据《国家餐馆新闻》(*Nation's Restaurant News*）报道：当时 Applebee 在美国连锁餐厅总销售额的排名中位列第 10；在休闲餐饮方面，Applebee 的分店数量第一，销量第一，市场占有额第一。整支团队为此深感骄傲，他们完成了“Big Apple Metrics”激励计划中的商业发展目标，并且很快就认识到自己在个人和团队的不断发展中也得到了额外的满足感。

金钱当然不是激励团队的唯一手段，正如很多领导者意识到的那样，简单的认同和象征性的举动在加强重要的团队行为方面也能起到重要作用。这样的例子简单到诸如对出色完成任务的人表达谢意，或在成功完成一个极具挑战性的项目后，整支团队开香槟庆祝等。当然，有些例子更具深远意义，比如在 2002 年，在郭士纳之后出任 IBM 总裁的彭明盛（Sam Palmisano）选择拨出 700 万美元用于支付薪金，以更好地奖励团队的业绩。

我们在研究中发现，最成功的团队往往采取奖励与认同并重的策略，这些策略可以采用恰当的手段进行量化。例如，墨西哥国际航空公司的高管团队采用了许多业绩指标，包括机队和机组人员的成本、飞行员的效率以及公司的市场占有份额。尽管联合利华饮食策划公司的总体目标是建立在集团层面的，但贝维拉夸的团队仍以投票形式审核通过了集团在 67 个国家的业绩目标，然后团队还对自身的业绩进行了评估，并部分比照了其他地区的业绩。除了这些总体措施，巴拉奥纳（墨西哥国际航空公司）和贝维拉夸（联合利华）都密切监督团队的发展。在团队工作效率提高后的很长一段时间里，贝维拉夸依旧每次都参加会议，以了解团队的发展情况，帮助团队认识那些可能影响团队发展的关键问题。即使是几句表扬或责备的话，也能给团队成员带来很大的改变。

在杰出高管团队里，首席执行官及其团队看待团队成就的方式很独特，他们认为这是整支团队为公司做出的贡献，并以此来证明团队运转良好。然而，判断团队运转是否正常并没有统一的标准。当团队面对要共同承担的重要责任，最具挑战性的困难，必须取胜的商战或最棘手的团队问题时，他们会认为克服这些难题是值得庆贺的。当团队成功克服了这些困难后，等待他们的将是非常丰厚的酬劳或其他形式的回报。

信息机制：要有精心组织并符合团队特定目的的数据

在需要获取信息来做出关键决策时，高管团队常常会面临信息资源过剩或短缺的情形，有时则两种情形都有。很多团队因为信息过剩而苦恼，他们淹没在各种报告和数据中，而这些信息对他们的工作可能有价值，但也可能毫无价值。其他一些团队则发现，他们最迫切需要的信息却无从得到。为什么高管团队在获得有价值的信息时会遇到如此障碍呢？

其中一个原因在于，高管团队与公司其他的职能部门使用的是同一个信息系统。在没有人为干涉的情况下，这个信息系统不能在高管团队完成其职责、制定事关公司利益的前瞻性战略决策时，为其提供准确的信息。例如，当联合利华将其食品公司与新收购的贝斯特食品公司进行合并时，贝维拉夸很快发现他缺少过去业绩的关键数据，原因在于联合利华旗下食品公司的财务数据一直都并入更大的商业食品业务中。这导致在第一年的大部分时间里，贝维拉夸的团队在评估新运作模式的效率时，几乎没有值得信赖的数据可用。IBM 的高管团队也遇到过类似的问题，尽管 IBM 技术水平一流，可仍旧用了几年的时间才建成市场数据追踪系统，使数据真正为团队所用。郭士纳说他对少得可怜的客户信息和竞争信息感到震惊，“没有系统的市场情报分析能力，我们手中任何关于市场份额的数据都是不可靠的”。

然而对于很多高管团队来说，问题不是缺少信息而是信息过剩，他们面临的问题是如何在需要时获得信息，并以适当的形式充分利用信息。凌乱的信息相当于没有信息，最典型的例子就是“9・11”事件发生之前美国各情报机构混乱的信息状况。按照袭击调查委员会的说法，遭受袭击前就已经有了大量的情报，但是他们并没有共享这些情报，个人与情报机构也没有交流信息分析的结果，情报机构间的情报移送也出现了遗漏，因此没能有效组织防御措施。“从这个案子的细节来看，”委员会写道，“我们理解对于情报机构来说，整合这些线索并从中获得有效信息是多么困难。我们很同情那些基层的官员，他们淹没在各种信息中，需要耗尽心神去判断哪些信息是重要的或决定采取什么样的行动。”

对很多公司的高管团队来说，情况也是如此。公司分散化的信息系统导致不同的部门采取不同的信息处理程序，这样的问题在收购或合并其他公司时更容易出现。这些曾经独立的公司所依赖的硬件和软件设备，本质上往往不同于与其合并的公司。

由于建立一体化的信息系统工程很复杂且花费高，所以高管经常会整合自己的信息资源，这导致他们不去依赖公司系统的情报机构，反而更依赖于在工作过程中通过私人谈话得来的信息，以及团队成员在各自的职能或经营区域得到的情报。当他们需要了解某种情况时，会求助于一些见多识广的人。某支杰出商学院的高管团队甚至将这一过程系统化了，他们安排了一名团队成员利用她的人际关系从竞争对手的工作人员那里收集逸闻趣事。

一些公司已经整合了信息机构，但仅靠整合后的信息机构还是不能保证获得的信息对高管团队的工作有帮助。例如，在我们的研究中，国际比萨公司（National Pizza Company）的高管团队就有这样的情况，团队的所有成员都随身携带着一个笔记本，里边记录着公司所有餐厅每个星期的营业额。尽管这些数据可能是准确的，但它们并不能为高管团队将来的战略决策提供有价值的信息，而只能将团队引至已经过去了的和战术上的细枝末节。

如何有效管理信息是高管长久以来面临的挑战。早在 1975 年，亨利·明茨伯格（Henry Mintzberg）[①] 就提到，高管通常更喜欢故事、个人观察、电话交谈或会议，而不是查阅文献。尽管在过去的 30 年里科技得到了飞速发展，但我们也常看到，通过简单的非系统化的途径和并不完全可靠的信息机制获得的信息比经过精挑细选和系统化分析得来的信息更容易被高管接受。

很多公司一方面要满足不断增长的信息需求，另一方面要获得必要的技术来满足这些需求。在我们研究过的高管团队中，杰出团队非常重视如何以

① 明茨伯格是全球管理学界享有盛誉的杰出管理思想家。他最知名的著作《管理工作的本质》，奠定了他极具影响力的管理大师地位。书中，明茨伯格指出了管理者工作的4大变量、管理活动的3大类别、管理者的10大工作角色，最终道出管理工作的本质。这本书的中文简体字版已由湛庐策划，浙江人民出版社2017年出版。——编者注

恰当的方式获取信息，并且在获取信息时优先考虑这一方式。在某些情况下，这些杰出团队会建立全新的系统，帮助团队在一定程度上跟踪监测公司的业绩。

其他团队则发现，仔细考虑需要什么信息或以什么形式获取信息也能在团队的工作中起到很大作用。例如，越来越多的团队使用了简单有效的实时业绩显示板，显示板上的内容会不断更新，设计完善的主要业绩指标数据也会实时显示在他们的个人电脑上。团队需要做的就是认识到数据的重要性及领导者对数据授权的必要性。①

对高管团队来说，仅仅接收数据是不够的，还要对接收的数据进行分析，才能从中获取信息并加以有效利用。有些信息，如业绩显示板上给出的数据，主要用于追踪公司运转或实时业绩的情况，弄清楚这些数据中隐含的信息是高管团队的直接任务。但是，如果信息（如有关客户、竞争对手或政府监管人员的行为或意图的数据）是复杂而模糊的会怎样呢？这类信息可能是最重要的，但是解读利用它们却是具有挑战性的。

要想利用信息来获取尽可能大的利益，就需要团队成员协作来完成数据分析。数据分析属于认知活动，需要分析人员深入数据中找出关键的模式和规律。如果你曾在会议室里研究过屏幕上的数据矩阵，那你就会知道数据分析对团队来说可不是件简单的事。然而，通过团队协作却能很好地从数据中获得有价值的信息，从而为采取行动提供依据。这些数据隐含的信息与表面上显示的信息一样吗？它们提供的信息完整吗？缺少什么呢？怎样才能得到缺失的部分呢？根据从这些数据中获得的信息，我们该采取什么行动呢？

① 我们的研究表明，在许多情况下，要首先认识到信息资源必须更加有序，并且要明白负责获取至关重要的信息的人是其他团队成员，而不是领导者。但是，将工作重点放在建立使团队成员能够提出并解决问题的支持机制的人，通常是领导者。

有时候，首席执行官、首席财务官或产品负责人会在分析数据后向高管团队提出一个具体的行动方案，然后，团队主要围绕方案的补充和删减来展开讨论，而不再进行数据分析。对于关键信息，更好的策略则是先让善于分析处理数据的团队成员来分析数据，并与整支团队分享他的发现和对数据的理解，然后团队成员再进行讨论，评估数据的可靠性，确定最重要的方面，最后再制定相应的方案。

我们希望能提供一个按照上述方式运作的高管团队的案例，但我们没有发现这样的团队。我们研究过的团队通常都没有应用最理想的策略，他们往往只是将几页数据摆在团队成员面前，然后让他们开始自由讨论，一一说出对数据中隐含信息的看法。不过，我们可以提供一个假设的情形来说明如何应用最优的数据分析策略。

假定负责销售的副总裁完成了对季度销售和收入数据的分析，并绘制了一个汇总图，但图上却没有明显的变化趋势，销售额似乎停在了与前几个季度相同的水平上。这时一名团队成员提出了问题："不同地区间的销售差距在拉大，有可能是什么原因造成的呢？"他之所以明确提出这一问题，是因为团队要求销售报告中应包括离散度和平均值的信息。

这个问题促使亚洲区副总裁做出了回应。他说："上个季度南亚的竞争日趋激烈，那里又出现了一个新的竞争对手，他们为了快速占领市场，基本是在白送产品，下个季度他们会为此付出代价。"

美洲区副总裁接着说："北美地区的情况却恰恰相反，大家都非常清楚，前两个季度我们遇到了很大的供应问题，但是现在问题已经解决了。所以这个季度我们实现了井喷式增长，不过这种情况可能只有一次。"

然后，首席执行官说："这样就能在整体上相互平衡了？我们现在没有特别要做的了吗？" 正当其他团队成员准备点头表示同意的时候，首席顾问说："别急，也许地区间销售差距的扩大值得我们再仔细研究研究。我们还能得到其他数据吗？我们可以通过这些数据确认还有没有什么需要担心的事吗？"

随后，团队进行了进一步讨论，他们把对销售趋势的点滴理解联系起来，发现这些趋势的确能为营销策略提供信息，也能为团队在下季度末想要了解的情况提供有价值的信息。

我们之前说过，这些都是假设。实际上，很多高管团队在分析具有潜在重要性的数据时都很被动，无论信息机制的专业人员提供什么数据，他们都毫无疑问与异议地接受，分析和解读这些数据的时候也都敷衍了事。他们无法捕捉到那些经过集体解读和分析的数据的潜在益处，而且在很多情况下，甚至意识不到这些数据可能带来的收益，从而导致有效的信息就这样从指间溜走了。

要想充分利用信息支持，就要有高质量的数据，不要太多也不要太少，并且要将这些数据以方便使用的形式提供给高管团队。有力的信息支持要求个人工作和团队协作相结合，个人将分析得到的信息提供给团队，团队再协同起来评估、解读这些信息并从中找出决策的依据。

总之，高管团队的信息收集、组织和评估工作最好还是交给信息技术专家来处理。基于我们的观察和系统的研究，我们能提供的建议是，在高管团队里，最重要的是要有精心组织及符合团队特定目的的信息。在我们的研究中，善于制定决策的高管团队，会在必要的时候为了获得必要的信息而不遗余力且不惜重金。

培训机制：把团队学习列为优先考虑的事情

尽管高管团队在建立信息机制时常常会忽视一些行动，可他们至少都认同信息资源的重要性。他们往往意识不到的是，为团队提供教育支持对其工作的价值。大部分团队成员认为自己已经获得了足够的教育和经验，其中有很多人都通过了公司内部的高管考核，很多人还获得了商业硕士或博士学位。他们不仅认为自己不再需要接受任何教育或培训，而且还会说他们没有时间来做这些事。有些人会说给整支团队安排两天的培训简直是浪费财力，倒不如把这样的发展资金用在能给公司创造实际价值的地方。

我们的研究结果却恰恰相反。即便是再资深、再有经验、再受过良好教育的高管，要想在团队中做好工作也有很多东西要学。那些认真对待教育、肯在团队发展上有所投入的首席执行官会拥有更杰出的团队。实际上，在造成团队有杰出、平庸和落后之分的原因中，排在第一位的是奖励机制，仅次于奖励机制的便是团队教育。

其他研究机构的研究成果也证明了高管自身发展的重要性。例如，世界著名研究机构世界大型企业联合会的一项研究表明，高管自身素质的发展越来越不能满足公司发展对他们的要求了。在该机构调查的公司中，只有 33% 的公司表示，其高管团队能出色地应对商业挑战或处理突发事件，这个数字相对于 1997 年的 50% 有所下降。同时，只有 37% 的公司表示，他们在选拔未来高管时很有效率。另外，不足一半的公司会优先考虑高管自身素质的发展。该机构的研究报告称，随着公司的日益复杂化，不出几年，“只有拥有优秀管理人才的团队，才能制定并实施制胜的战略”。

在我们的研究中，最高效的团队的领导者不仅意识到了继续教育的重要性，而且还把它列为优先考虑的事情，他们在团队的学习上投入了大量的时间和财力。但是，我们要补充一点，很多首席执行官虽然投入了大量资源来帮助团队成员提高领导能力，但他们自己却不参与其中。我们的一名研究员参加了某全球性金融机构为其高管提供的大型培训项目。对这家机构来说，这次培训非常昂贵，高管需要分批次去参加为期数个星期的离岗培训，整个培训的时间跨度几乎长达一年。除了首席执行官本人，几乎所有高管都参加了这次培训。他之所以没有参加培训，是因为他的日程排得太满，无法脱身，但他本人很想参加。

可他的团队可能会对他的行为有这样的理解：

1. 或许他本人认为他完全了解这些课程（“但是我们比他更了解”）。
2. 或许他认为培训并不重要（“可能他被人力资源部的人给骗了”）。
3. 前两种想法皆有。

培训间隙，接受培训的人员会有些议论，他们的议论表明第 3 种理解更符合实际，即两种想法都普遍存在。

如果你准备通过培训来发展团队的领导力，那就要在这方面有真正的投入。你也是这支团队的一员而且是最重要的一员，为自己找借口不参加培训是不可取的。

相反，当团队需要技术方面的培训协助时，首席执行官也要在团队成员提出要求后立刻安排，甚至可以去聘请公司以外的专家。比如，我们的研究中有一家非营利性机构，其首席财务官接连表现不佳。正当高管团队苦苦挣扎以找出摆脱棘手的财务困境的方法时，其中一个成员说：“我们真正需要的是像埃斯特罗姆那样的人来帮我们摆脱困境。”于是团队采纳了这一建议。斯文·埃斯特罗姆（Sven Ehrstrom）是位退休的杰出银行家，他当时为该机构的董事会服务。不久后，埃斯特罗姆便开始定期与高管团队开会。他没有直接帮助他们解决财务问题，而是帮助团队学习如何稳定公司财务状况并使之步入正轨。

这支团队很好地利用了这个愿意伸出援助之手的友好资源（实际上，埃斯特罗姆很乐于用自己的专业知识帮助这家机构，同时他自己的银行账户也多了一笔收入）。在其他情况下，高管团队需要到公司外面去聘请专家，某家健康食品公司的高管团队就是这样一个例子。在低碳水化合物食品热潮中，该团队针对消费者关心的一些产品配料问题，请到了附近教学医院的营养学家来给他们做培训。他们向专家提问并请她准备一份简短的有关碳水化合物与肥胖的医学研究报告。该团队还邀请这名营养学家参加高管会议，他们花了相当长的时间询问她有关医学研究的发现以及这些发现的意义。听了营养学家所有的讲解后，团队得出结论，从长远来看，大规模地改变公司的产品结构将不利于为客户提供服务。

杰出高管团队的领导者愿意确认哪些东西他的团队不了解，哪些东西他的团队不会做，然后投入时间和财力为团队提供培训，帮助团队变得更精明、更出色。

资源机制：寻找机会创造性提供新式支持

你的团队可能需要一些支持，如信息支持系统和领导力培训，这些支持可能会成本昂贵或耗费大量时间。在为团队提供这些大的支持时，很多首席执行官往往会忽略一些较小的、更简单的支持——这些恰好是最优秀的首席执行官能为其团队提供的支持。它们常常需要很少的成本或根本不需要什么成本，它们多来自首席执行官自身的远见卓识和感染力。除了满足一般的团队需求，这些优秀的首席执行官还会注意到那些表面看起来无足轻重而实际上却能为团队带来巨大回报的事情。

我们以某大型化工公司的新任全球首席执行官艾伦·吉姆森（Alan Jimson）为例。他的前任首席执行官采取的是区域性运作管理模式，很少会将团队聚集到一起，也从来不联合办公，要说团队成员“彼此相识”，那真是太夸张了。吉姆森到任后改变了团队的区域运作管理模式，他集中了一些关键的程序，还推出了一些全区域范围的举措。吉姆森知道团队的时间宝贵，因此他通常将全球会议分为两轮，第一轮在晚饭后召开，第二轮要开到第二天凌晨。会议很正规且组织合理，并且与会人员总能在会议上处理完议程上的所有项目。但是不管吉姆森怎样努力，团队成员都不能像他希望的那样真正走到一起，也没有人主动打破区域的界限。

在一次会议上，吉姆森观察了团队成员的行为，他惊喜地意识到，因为团队成员间相互不够了解，所以才很难形成团队凝聚力。另外，他的团队对他也并非完全信任，至少目前还不信任。他知道团队成员不大可能信任他们不了解的人，所以他用氛围轻松的鸡尾酒会取代了通常在这时候召开的工作会议。在这样的晚上，没有正式的会议议程，成员只是随意地交谈。经过一系列这样的聚会之后，团队成员彼此加深了了解并建立了良好的关系。这让他们第一次能在会议上互相商量问题，合作完成项目方案，然后交由下级去执行。这时吉姆森才觉得他的团队真正地凝聚成了一支团队。举办非正式的、没有会议议程的鸡尾酒会在团队看来自然是个小小的改变，除了要付更多的酒水账，这一改变可并不算昂贵，然而它却为团队带来了巨大而持久的改变。

阿尼尔·加瓦斯卡尔（Anil Gavaskar）是某家全球性加工公司的一个分区负责人，他更进一步地通过丰盛的晚宴来进行团队建设。他邀请所在区域的前 60 名高管到一座壮观的高级别墅参加丰盛的宴会，同时还让人搬走了所有的椅子，这样所有参加宴会的人就能整晚在一起交流了。在他看来，由于很多团队成员都是在最近一次招聘中吸收进来的，因此在这个时候确保团队成员能相互交流，非常有利于团队的发展。加瓦斯卡尔知道，如果让团队成员自己选择，那么他们会按照惯例安排宴会座位，这样的话他们整晚就会只与自己认识的人交谈。

当罗杰・恩里克（Roger Enrico）成为百事集团总裁后，他将宴会上的椅子连同桌子都一起撤掉了。然而问题并不在于这些家具，而是严肃的气氛不利于形成健康而充满活力的团队。恩里克说："如果当时的团队有交流，那也都是严肃而程式化的，几乎没有任何轻松的谈话。在这样严肃的场合，你不会想在高管面前说任何话，他也不指望你能跟他有什么交流。"

恩里克认识到的，首要问题之一就是团队的高管办公室。"红棕色的桃花心木上刻着我们的执行徽标，这让我们的办公室看起来像是华尔街的律师事务所。我们的会议中心看起来像是电视剧《星际迷航》里企业号星舰上的桥梁。会议室的设计本意就是彰显权力和威严，让每个进入会议室的人都深为震撼。以精美石料铺面的半圆形大办公桌配以高大的座椅，让你感觉像走进了'金手指'（电影《007》中的反面人物）的办公室。这样的环境自然会让我们的会议缺乏交流的气氛。"公司有制定决策的详细规定，要保留高管会议的备忘录，上面记录着与会者的发言以及附和发言的人，甚至还有正式的首字母缩略词词典。恩里克回忆道："这里用首字母缩略词，真的很荒谬。"

然而最令他无法忍受的是这种严肃的气氛对他的团队的影响。这种气氛限制了团队交流，抑制了团队合作，把人们隔离在了各自的职能部门。恩里克说："大部分团队成员个人都很称职，甚至很出色，但是他们在高管这个层面上却做得并不出色，他们几乎没有团队合作，因此在次一级的团队里当然也就不会有什么团队合作了。”

为了帮助团队改头换面，找到正确的发展方向，重新获得坚定的执行能力，恩里克决定消除繁文缛节，树立开放意识，让团队成员走出各自的牢笼一起工作。他的方法简单而且很成功，他丢弃了做决策时要遵循的规章制度，取消了首字母缩写词，并且拒绝再进入“金手指”的会议室。他对他的团队成员说：“你们可以想怎么做就怎么做，但我是不会再进那间会议室了。”后来他的确没有再进过那间会议室。事实上不久之后，那间会议室连同令人生畏的石制会议桌，还有执行徽标都被撤除了，取而代之的是几间较小的房间，按照恩里克的说法，在这样的房间里，团队成员可以“坐下来安安心心地谈话”。

恩里克说：“我希望团队成员能彼此交流，每个人都愿意来参加团队会议，并且大家会说‘这是我正在做的工作，我需要你的帮助’，或说‘你们怎么看呢’。这样我们就能成为有用的智囊而不是给不出任何意见的人。”

恩里克以及其他领导者所采取的行动可能看起来只是象征性的，但事实上，这些行动是思想敏锐的领导者深思熟虑后才付诸实施的，他们知道团队成员开会时的环境能塑造团队协作能力，并最终提高团队的效率。这些小的支持行为常常能创造时空和氛围，以及增进成员间的了解，这些都是高管团队发展积极的工作关系所需要的。

无论是价值百万美元的信息支持系统，还是将座椅移出餐厅的简单行为，只要用得其所，对任何高管团队的成功就都是非常重要的。这些支持因素包括时间、地点，还有提高团队工作效率的必要设备。你必须根据团队所面临的挑战和机遇的独特性为其创造必要的资源支持。清楚了团队所处的环境，才能确定他们的需求；确立了团队的目标和方案，才能提供资源支持。

高管团队的 4 类支持机制

以下是我们研究之后概括列出的支持机制，这些支持资源能极大地促进高管团队的合作精神以及团队成员的个人发展。

1. 奖励机制：细致制定团队的奖金制度。制定团队目标及实施方案后，根据团队成员所承担任务的完成情况为其发放奖金。把相当一部分团队奖金与团队任务挂钩，并注重团队整体能力的发展，因为它会极大地影响团队效率。
2. 信息机制：了解团队最需要的信息，即数据、情报、分析和创意，使其在做决策时保持消息畅通并获得引导。搜索信息可以是整支团队的任务；找出擅长收集和汇总信息的人，给他们权力，让他们自由调整甚至重建团队的信息支持系统。
3. 培训机制：认真对待继续教育。当你的团队着手做某项很多团队成员都很陌生的事情时，你要在团队需要时为其提供培训和教育资源，这些资源决定了团队是陷于被动还是迅速发展。
4. 资源机制：寻找机会创造性地为团队提供任意的新式支持，包括时间、环境和日常物质资源，这能使团队工作顺利进行并增强团队能力。你所采取的简单措施可能对团队的效率有强大的建设性影响。

▸ 第6章 ◂

团队教练
介入引导的时机是关键

经过激烈讨论和艰难决策，会议结束了，高管团队成员也都疲惫不堪，但托尼·莱斯顿（Tony Lesston）还是要求他的团队多拿出一些时间来。他说:“我只想在这里花点时间谈谈自整个项目开始以来我们这支团队的发展情况。”他简短地评述了自几个月前团队一起工作以来一些成员行为方式的改变情况，有些事情他们一直遵循团队规范来做并做得很好，有些事情尽管他们很努力但还是没做好。“我在没有理解黑莉的意思时，就对她的意见做出了判断，但以前我们说过不会这样做。”然后他请团队成员对团队的工作过程进行评价。

那是这支团队生命中最重要的一刻，团队的首席执行官采取慎重的措施来引导他的团队。他承认自己违反了团队的行为准则，接着给出了诚挚的反馈，并邀请团队成员就如何使团队更好地合作发表各自的看法，这都是很娴熟的团队引导行为。

像其他团队一样，高管团队在学习团队协作的过程中也需要专家的帮助。引导这样的团队比引导一线团队常常更具挑战性。因为高管团队成员一般性情高傲，思想独立，受过高等教育，这个群体往往更相信自己的判断是正确的，而不愿接受他人的纠正，即使是团队的最高领导者也不例外。

高管团队要面对很多低层团队不常面对的复杂情况和压力，这增加了引导他们的难度。比如，高管团队要面对个人和团队成员双重角色的对立这一问题，要密切关注整个公司的效益并承担责任，还要满足很多人（如董事会、管理机构、股东、重要客户、合作伙伴、分析人员以及业界、公司中其他人员）的各种不同要求，所有这些都需要高管团队给予极大的关注。至少首席执行官会认为，为了满足这些要求，他几乎没有时间再去引导他的团队。①

然而如果做得好且时机恰当，引导行为就会是发展和维持一支杰出团队的强大力量。在我们的研究中，杰出团队总能获得团队发展所需要的帮助，这些帮助或来自外部专家，或来自团队的首席执行官，或来自团队成员自己，总之一切帮助都唾手可得。图 6-1 显示，在落后团队和平庸团队里，引导行为的水平都是很低的。

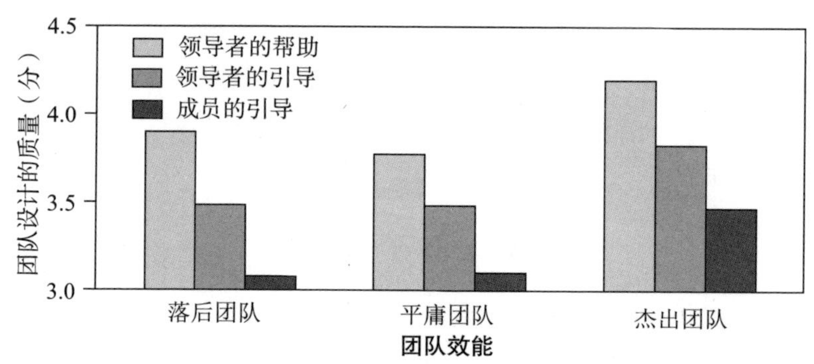

图 6-1　三类团队在引导方面的对比

① 30多年前，明茨伯格（1975）指出，首席执行官最大的职业病之一就是工作浮于表面。由于工作任务重，时间要求紧，他们不得不匆忙完成一件事后赶快再去处理别的事，因此无暇在完成工作的过程中去深究、反思和深入。这些压力使他们无法履行引导高管团队的职责。

尽管团队处于不同水平，但他们都认为领导者的行为在团队建设中很有帮助（见图 6-1 每组最左边的方块），而且杰出团队明显比平庸团队和落后团队拥有更多的引导行为，这些引导行为既有来自团队领导者的，也有来自团队成员的。

团队领导者对团队引导的多少最大程度地影响着团队成员间相互引导的多少。当你对你的团队进行引导时，团队成员会逐渐以建设性方式参与到他们自己的工作进程中并不断加以巩固。对于结构完善的团队来说，引导行为可以让人们更积极地重视在制定决策的过程中提高团队成员的协作能力。

团队引导与非团队引导

我们在研究中惊讶地发现，即使所有团队成员都接受了旨在提高个人能力的个体引导，团队能力的改善也不显著。个体引导的确能够提高高管在各自职权范围内的领导力，但整支团队却得不到必要的发展。团队的发展不等于团队成员个人发展的简单相加，也完全不等同于团队成员的发展，其中的原因并不一目了然。从本质上说，这是因为团队本身是一个独立于组成它的个体的实体。为了让团队变得更好，就需要在成员实际的合作中给予引导。

团队引导是指为了提高团队效率，直接介入团队成员相互作用的过程中的引导行为。① 好的团队引导能在团队成员面前立起一面镜子，让他们看到哪些行为会阻碍或促进团队合作，这样团队就可以在讨论团队工作进度时共同找出向前发展的新途径。当团队成员认识到哪些方法能促进他们的工作时，他们就能以此为例将这些方法运用到其他情况中去。我们发现，在没有

① 大多数关于教练的研究成果都包含在训练文献中，而且几乎都侧重于个人技能的获得（弗尼斯，1978）。许多书和文章的内容，也都是从“运动教练”的经验中归纳出的一些经验之谈，供团队领导者借鉴。除此之外，很少有专门针对如何为以完成任务为目标的团队提供引导的专著。

团队领导者和其他团队行为介入的情况下，很少有团队能从他们的失败或成功中得到经验和教训。

一家全球性食品公司的高管团队就遇到了类似的情况，团队领导者迈克·麦西（Mike Massi）提出了团队目标，团队成员也对他们共同承担的责任达成了共识。他们还初步建立了一套团队行为准则，并准备在执行过程中确定哪些可行、哪些不可行。所有团队成员都乐观地认为，此次会议和会议上达成的共识会被证明是值得的，会帮助团队取得实质性的进步。这看起来似乎真的有效，在远离总部的另一个地方，团队成员在随后的会议中表现得兴奋不已。他们在制定商业战略时，进行了热烈的讨论，深度发掘问题，想方设法地让每个成员都发挥出最大的才能。

之后开会时，团队教练也出席了会议。这名教练是公司外聘的，以前她也时常会参加这样的会议。团队成员骄傲地评价了上次在南美洲召开的会议的成功，并提议遵循相同的步骤来开会，麦西却坚定地给出了否定回应，他认为“那样会浪费时间，上一次我们讨论了推出新举措的事，这次我们要审议整合软件程序的方案”。

这时团队教练介入了，她感觉到了团队积极发展的能量，也理解团队成员的担心，如果麦西现在改变方向，那团队将失去向前发展的动力。她对团队成员和麦西说：“听起来南美洲会议开得非常成功，即使你们今天不打算遵循南美洲会议的程序，那花几分钟总结一下会议成功的原因，也会对团队有所帮助。”此时，大家都把目光投向了麦西，他稍微停顿了一下，同意了教练的意见，然后继续讨论。

一个团队成员说：“上次会议时，所有材料都提前准备好了，这样参会人员就有时间去了解这些资料，这种做法对开会是很有帮助的。”之后他迅速补充道："今天我们也这样做了。"

另一个团队成员说："我同意，而且会议议程的负责人清楚阐明了他对大家的要求。"

还有一个团队成员说："我想补充一下，我认为最重要的一点是，我们有足够的时间来讨论重要的问题，并确保所有人都能达成共识。"轮到麦西发言时，他说："对我来说，最重要的是我听到了公司发展的不同思路，我们的讨论很有意义。"听完麦西的话大家都笑了，他们似乎又回想起了上次会议的活跃气氛。

讨论结束的时候，教练沉默了，整支团队沉默了，大家的目光又都回到了麦西身上。他说："上次是我们作为团队最富有成效的一次会议。我必须承认，直到今天这次讨论之前，我还一直认为是会议议题而不是会议过程决定了会议的成败。我们刚刚总结出来的那些都可以用到今天的会议上。"他们最终的确这样做了，而且会议又一次获得了成功。

在这个案例中，团队教练作为旁观者采用的做法看起来很简单，她没有为会议的开展提供便利（否则可能导致团队对她产生不必要的依赖），也没有说明如何举行会议（否则会让团队觉得他们没有能力从自己的成就中获得经验），她只是为团队创造条件，让他们自己从曾经的会议中获取经验教训。她给团队创造了时机，让他们把已经学到的东西明确化，以便在将来的工作中运用。

有效的团队引导重视与团队任务相关的团队行为，帮助团队发展并维持三方面的事情：

1. 高水平的团队协作动机。
2. 高效执行团队任务的方法。
3. 在会议中激发并合理分配团队成员的才干。

高质量的团队引导是相对于团队必须共同完成的任务而言的。在上述三方面中，团队成员的行为是起促进还是阻碍作用，取决于介入性引导，而介入性引导能否纠正不当的行为或加强团队合作对团队教练来说是一场公平的博弈。

引导行为起作用的关键在于，将注意力集中在工作上，让团队成员间的个人关系自由发展。以下是我们在研究中遇到的一些现象，或许你也曾遇到过，那就是随着时间的推移，团队合作能力的提高会自然而然地促使团队成员间的关系更融洽。

另外，知道什么不是团队引导行为也是很有帮助的。团队引导行为不是带领团队出国旅游，也不是拓展训练。这些活动可能会使团队凝聚在一起，但不能使团队释放出更强的责任感。我们认为，引导团队在房门紧闭的会议室里一起工作，比安排登山、穿越沙漠、驾驶帆船或赛车等活动更能帮助团队长期加强合作。

团队引导包括一系列行为，如准确定义团队，创建或阐明团队行为准则，指正违反行为准则的行为（比如在开篇的例子中，莱斯顿就指正了自己的错误行为），褒奖团队在讨论战略事宜时所能达到的深度和讨论质量，引导团队成员认真对待他人关心的关键问题，甚至可以在会议过程中休息一会儿，以回顾会议的情况。

团队引导完全不同于个人引导。个人引导是旨在提高高管个人能力的一对一引导行为。两种引导的共同之处就是提高领导者的效率。然而，个人引导通过引导团队成员个体来推动团队工作进程，完成团队任务，从而为高管团队做出贡献。

根据我们的经验，通常一支高管团队中总有两三个成员欠缺从组织角度看待问题的能力，他们更倾向于维持自己习惯的思考方式或行为方式。这些个体可能在履行个人领导职责时表现出色，因此被团队领导者看作忠于职守的高管。他们做事很少越轨，但是在转向团队协作时就有些困难。据我们观察，高管会从个体引导中受益，个体引导能帮助这样的高管正确认识他们作为团队成员的角色。

首席执行官的首选：高管团队或其他

在我们研究的大部分公司中，当团队成员被问及刚进团队时首席执行官对他们有什么要求时，他们的回答都很相似。首席执行官最多只是说说他对团队成员的大概期望，很少或根本不会涉及个人作为管理者角色的问题。对领导者而言，花时间去讲解他们的团队要求和规范是非常罕见的。但是如果这样做了，那对团队和新成员来说，相互接纳和融合的过程就会变得更简单、更顺畅。

为了融入团队，除了个人角色的定位之外，还要不断地观察、学习、更正、强化、反思和形成团队行为方式。根据我们的研究，相比于协调团队工作、个体引导，以及处理团队外部事务，领导者在团队引导上所花的精力排到了第四位（见图 6–2）。

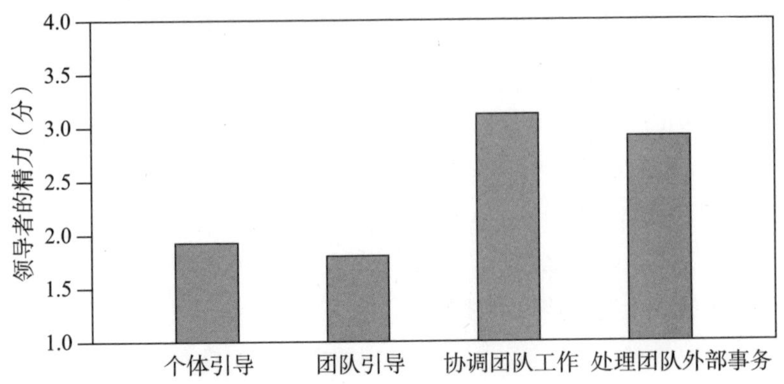

图 6-2　领导者如何分配他们的精力

注：这些数值都是相互关联的，不可能在所有的项目上都达到高分。

图 6-2 反映出，与其他三方面相比，团队引导是最不受领导者重视的。这个发现有很强的讽刺意味，因为我们的研究表明，团队引导在培养与维持团队精神和团队效能方面的作用是无可比拟的。

引导个体为团队做贡献，引导团队以及安排团队的工作并控制其过程，这些都是团队内部的活动，是相对于团队整体而言的。我们把上述三种活动合并到“内部事务”中进行评分，然后对杰出团队、平庸团队和落后团队花在内部事务和外部事务上的精力进行了对比（见图 6-3）。

图 6-3 显示的结果非常透彻，在我们研究的团队中，只有那些极大限度地满足了董事会的要求，且团队能力日益增强的最杰出团队的领导者，才真正兼顾团队的内部事务和外部事务。

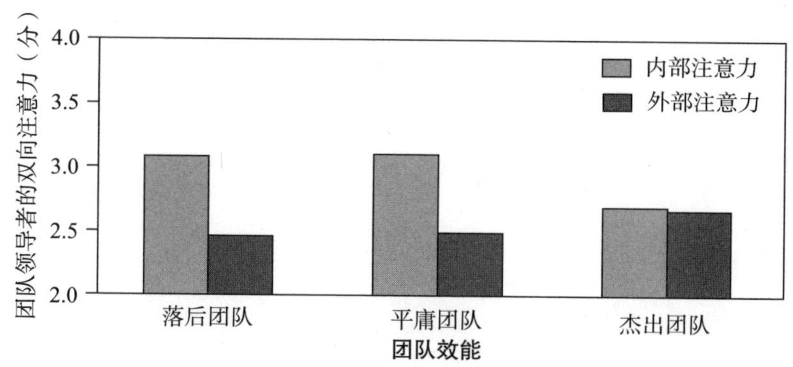

图 6–3　杰出高管团队的领导者都有双向注意力

注：这些数值是相互关联的，不可能在所有的项目上都达到高分。

何时进行团队引导

准确把握团队引导的时机非常关键。在一支团队的发展过程中，有些时候特别适合对团队进行引导，适合对团队的发展轨迹做出重要的改变，但这些时机很可能会被忽略。例如麦西新发展的团队，团队教练在对团队的引导中就体现了高度敏感的时机意识，她不失时机地帮助团队有效地从之前的会议中获得经验，并促进团队展开后续工作。这个例子验证了我们的发现，那就是团队发展的不同方面在不同时期能得到更好的体现。图 6–4 显示了最适合介入引导的时机，同时还列出了不同类型的有效引导方式。

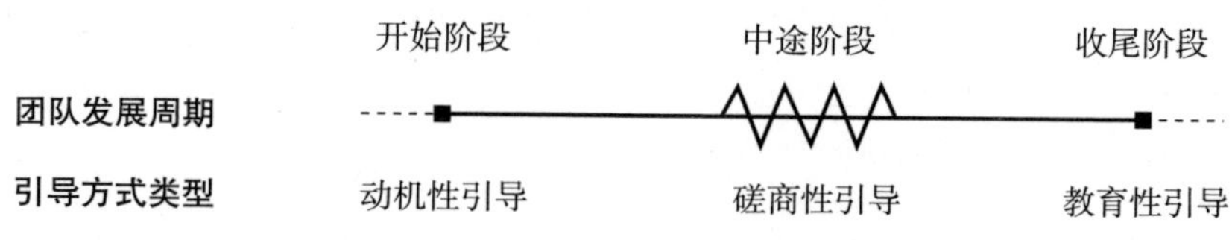

图 6–4　不同时机对应不同类型的引导方式

Senior
Leadership
Teams
高效贴士

进行团队引导的时机与类型：

1. 开始阶段，动机性引导。
2. 中途阶段，磋商性引导。
3. 收尾阶段，教育性引导。

项目或任务的开始阶段、中途阶段和收尾阶段都是介入引导的特殊时机。动机性、磋商性和教育性三种不同类型的引导方式，在各自相应的时机介入对团队的发展尤其有效。

开始阶段

在团队发展周期的开始阶段，要激发团队能量，将注意力集中到团队目标上。[①] 一些组织已经建立起了一套完整的创建团队和聘用团队成员的程序，这些组织的团队比没有类似程序的团队能更顺畅地融合在一起。但是即便你所在的组织没有为组建团队而精心设计的程序，你们也能从他们的案例中学到很多东西。

例如，我们在研究百事公司的高管团队时，发现该团队有很严格的行为准则，用以指导高管扮演领导和团队成员这两个角色。该公司提拔上来的高管在进入高管团队时，就已经知道了角色扮演的诀窍。在进入高管团队之前，所有人都会拿到一份详细的书面录用程序，上面注明了进入高管团队的要求。为了保证成功组建团队，领导者清楚地知道第一次团队会议之前他们

① 在团队成立之初就给予团队引导所起的作用，以及自始至终给团队以引导的重要性都体现在吉纳特（1993）对空乘机组成员行为的研究中。吉纳特发现，在机组成员共同完成任务前几分钟给予引导，会让机组在整个飞行过程中都发挥良好的作用。如果机长在飞行前抽出时间召开准备会，强调机组的使命和行为准则，那与不召开准备会相比，机组的表现要好得多。表现出色的机组是指机长不仅强调任务使命，而且还积极地设想各种情况，并让机组成员针对可能发生的情况进行讨论的机组。

需要做什么。

领导者的备忘录里记载着以下内容：

1. 了解每个团队成员的核心能力。
2. 阐明团队目标。
3. 明晰团队边界，建立共同的身份意识，强调“我们”和“我们的责任”。
4. 将行为准则和期望公开提出来供团队修改和审核。

这些因素共同促使团队进入正确的发展轨道，并为以后的引导大开方便之门。团队的组建过程中涉及的这些问题会自然而然地引出下面的问题：“我们做什么能帮助团队完成目标？做什么不能？哪些方式符合团队的行为准则，哪些方式不符合？”

IBM 总裁迈克·丹尼尔斯（Mike Daniels）在相似的背景下采取了不同的策略，他在开始团队工作之前先说明了自己的要求，他告诉团队成员：“参加会议前，你们要先预读会议资料，掌握必要的信息，并准备好发言，因为参会的人就是来听取你们的意见的。你们要融入会议，而不是扮演‘做笔记，散会后回家’这样一个被动听众的角色。我希望每个参会的人都能做好作战的准备参与到会议中，如果你认为别人的发言是废话，那你就举手发言并告诉他‘对不起，我认为你在讲废话’。如果我发言了，如果这值得占用我的时间，那么我想这也值得占用你的时间。”在丹尼尔斯的领导下，他的团队在数月内就扭转了整个区域业绩逐渐下滑的局面，这并不令人感到意外。团队成员认真对待丹尼尔斯的要求，在会议上激烈讨论，这改善了会议讨论的气氛。

但是，大多数组织都缺乏这种设计完整的制度化的团队组建程序。很多领导者经常错误地认为，只要将那些经验丰富、才华卓著的高管集中到一起组成团队，自然就能出色地完成工作。现在他们已经很明白了，这种未经考验的想法就是高管团队的祸根。

一定不要忘记将需要首先考虑的问题放在第一位。我们帮首席执行官解决团队无法正常运转的问题时，经常会发现他们忽视了构建高效团队的几个要素，即明确团队目标、选择合适的团队规模和团队成员、确立团队任务以及建立一套积极的团队规范。如果没有这些基础，那团队就会陷入挣扎，任何在引导上的尝试都可能会失败。

一定要牢记这个核心理念，即任何团队成员在协同工作中遇到的问题，都直接源于拙劣的团队结构设计。如果你的团队也处在这样的状态，那么在你尝试介入引导使其变得更高效之前，要先回头重组团队，并特别注意我们在本书中提到的三个必要条件。

中途阶段

团队成员积累了大量的团队协作经验的时候，常常是团队项目进行到一半的时候，这时第二次改变团队工作过程的机会就会出现。如果没有自然而然的工作整顿，那么团队的工作方式就不会有太大的改变，除非他们刻意去改变。团队往往会在一个周期、一次会议或一个项目的中间阶段自然地重新审视自己，并重新定位后半段的工作。

在这样前后衔接的时期，优秀的领导者会要求团队成员反思哪些工作方法是有效的，哪些是错误的或没有建设意义的。我们研究过的最有效的引导就是在这样的修整期介入的。

即使是最高效的团队，也往往会陷入毫无意义的激烈争论中，也会受困于不当的行为方式或在细枝末节上耗费精力。姑且先让他们这么做，等这一切结束后再做一次总结评估，这或许是帮助团队吸取经验教训的最佳办法。这时你就可以问，“进展如何”“什么有用”“我们希望做什么，不做什么”“我们在下个阶段的工作中该做什么呢”。我们把这样的引导称为磋商性引导，你和你的团队可以就你们注意到的情况和它们反映出来的变化交换意见，从而为以后的团队运转提供对策。

然而，有时有必要采取更直接的办法，比如当团队陷入困境、注意力不能保持在正确的问题上，甚至有可能造成灾难性的后果时，就应该如此。藤山由纪在一家大型金融服务机构管理一个主要的业务部门，她发现她的团队成员因首席财务官推出的一项不受欢迎的成本分摊策略产生了激烈的争论，这耗费了他们太多的精力。她确信她的团队已经脱离正题且难以自拔，于是她直接叫停了这次争论，并告诉团队不要再浪费任何时间来非议首席财务官了。

这样尖锐的介入方式使团队成员明白他们已经严重脱离正轨，如果这时藤山由纪能花些时间来说明为什么这样的行为是有问题的，那么效果会是非常显著的。藤山由纪的做法有些冒险，因为她的团队成员可能会将她的做法解读为对团队某个成员的政治性支持，而不会简单地认为她是在要求他们把精力放在讨论正题上。所以最好的办法就是，把你的想法和对团队的要求明白地讲出来，而不要让团队自己通过猜测得出结论。

收尾阶段

如果你能在会议、团队任务和大的成就或失败的收尾阶段花时间总结经验、反思教训，那么你的团队就能加速发展其长期能力。在一次任务周期，如一个项目、一个财务季度、一次按期或逾期完成的工作的收尾阶段，你的引导重点需要从磋商性转为教育性，即团队能从中学到什么？什么能帮助团队在下一次必胜的任务中变得更高效？在这个阶段，对时机的准确把握仍旧非常关键，因为引导的需要必须与维持团队势头的需要相平衡。本章提到的麦西高管团队的教练在发挥引导的教育性作用时，就表现出了良好的时机意识，帮助团队从以前的工作中积累经验，在应对当前的变化时促进团队向前发展。团队当时的谈话并不冗长枯燥，也没有精雕细琢，教练只是告诉团队什么是有帮助的，什么与当前将要开展的工作有关，什么又无关。随着团队的成熟，引导的作用渐渐变成帮助团队从自身的经历中吸取经验教训。如果你一贯强调团队的行为方式，那么团队成员会逐渐自发地提出关于团队建设的看法，并日渐形成自我管理。

适时指导

在团队的关键过渡期之间，即开始阶段与中途阶段之间、中途阶段与收尾阶段之间发生的引导行为，应该把重点放在加强团队协作上，并在必要的时候制止违反团队规范的行为，如前面案例中提到的莱斯顿的做法。

在这些阶段，引导应侧重于团队行为准则，即鼓励成员积极讨论甚至提出异议，保证成员注意听取他人的发言，使评论的焦点保持在具体的事情上而不是其他成员身上，鼓励团队自主完成讨论并在充分讨论之后做出决策。这样的引导是团队日常工作中不可缺少的部分，它往往在看似无关紧要的时刻出现，比如提出值得注意的评论或意见时，或提出被忽视但关键的团队动态问题时。

我们的一名同事曾在某支团队工作，尽管这支团队很努力，但就是不能成功做出决策。她发现新成员至少要在两名资深成员发表看法之后才会发言。当她指出这一点后，该团队才第一次反思了为什么新成员在发言时都很犹豫。后来在制定决策的过程中，资深成员就开始设法让新成员更早地讲出他们的想法。

根据我们的观察，对大多数领导者来说，在他们的职业生涯中，有时候要想精准地抓住时机是很困难的。我们有时也会很惊讶，为何那些优秀的领导者在选择何时介入引导、何时作壁上观时会显得非常无能。或许我们并不该惊讶，因为很多首席执行官从来都没有把团队当作一个整体进行引导，因此他们没有机会了解选择介入时机的重要性。事实上，在有些情况下，首席执行官可能并不是负责团队引导的最佳人选，接下来我们将对此进行进一步论述。

谁来引导高管团队

谁来引导高管团队？这个问题没有明显的或统一的正确答案。有些首席执行官会亲自引导他们的团队，有些则会依赖特定的团队成员，当然还有的首席执行官会寻求外部帮助，如组织内部的人力资源专家或外部顾问。

我们研究了那些成功引导了自己团队的领导者。他们把提供引导的能力作为领导力的一部分，他们自然地、不引人注目地引导他们的团队，并敏锐地洞察组织和团队发生的变化。

我们发现，有些领导者为了帮助团队正常运转而对团队进行引导，然而几乎每次都会使本来就已运转失常的团队雪上加霜；有些团队成员默默引导着其他成员，效果十分显著，也有些团队成员扮演了引导者的角色却无人理睬。我们还发现，有的团队与外部专家合作融洽，但他们与内部团队教练之间的相互依赖关系却逐渐减弱。

那么谁来引导高管团队呢？当然是那些能用有效方式帮助团队形成自我管理能力的人。这样的人往往是除首席执行官之外的人，出现这种情况是有一定原因的。

首先，尽管你是团队的领导者，但同时你还是团队的一员。与其他团队成员一样，你也深陷其他工作，并且你还完全置身于团队工作过程中，所以就很难对你看到的和经历着的事情做出客观的判断。例如联合利华的高管贝维拉夸，他就很难辨别那些正在瓦解他的团队的问题和变化。他曾说过，他与整个过程紧密相连，这导致他不能置身事外，客观地观察情况的变化并找出原因，更不用说拿出好办法来解决问题了。

其次，你可能不具备娴熟的团队引导技能。本章我们介绍过的领导者莱斯顿、麦西和丹尼尔斯之所以能在团队引导中取得成功，是因为他们拥有洞悉和解读团队工作过程的罕见天赋。尽管麦西还要努力提升自己，因为他承认自己是个以工作为中心的领导者，喜欢带着自己的看法、建议和解决办法立即介入团队的工作过程中，但他已经学会了保持耐心，学会了在介入引导团队工作过程之前先仔细听取团队的声音。对于莱斯顿和丹尼尔斯而言，把艰难的团队问题提出来，表现出对团队内部工作程序的关注是至关重要的。如果你对自己客观看待问题的能力和引导能力有所怀疑，那么为你的团队寻找外部引导将是明智的选择。

何时寻求外部帮助

我们有一位受人尊敬的同事为一个领导者的团队提供了引导，并得到了这个领导者很高的评价：不说废话的仁慈精灵。这位同事认为这样的评价是对他的最高赞扬。这是赞扬人们说话客观实在的一句谚语，用来形容某人插话时切中要害，但又通常是在不经意间发生的。

联合利华的高管贝维拉夸也发现雇用外部教练是很有帮助的。贝维拉夸的老板在发现他很难推动团队发展后，建议他找名教练来帮忙，他的老板说："我看到他正失去影响力，他也逐渐认识到他对团队存在的问题已经束手无策了，所以不能再像从前那样只靠他自己去解决问题。"

事实证明这个决定是明智的。我们的另一位同事做了他们的团队教练，他花了很多时间帮助贝维拉夸，尤其是在开会的时候。大多数情况下，他只是进行观察，然后在吃饭或短暂休息的时候把观察到的情况反馈给贝维拉夸。教练以局外人的身份观察到的团队动态，是贝维拉夸这个置身团队中的人无法观察到的。贝维拉夸这样评价他的教练："约翰有置身事外的能力，并能随时提醒我，他会说，'你知道，这些情况看起来可能就是在你处理那个特定问题时出现的，情况可能也真的就是这样'。对于主持会议的人来说，要想真正客观地看到这些真的非常困难。"

回顾过去，贝维拉夸说，他认为他和团队从外聘的教练那里得到的帮助是他们成功的重要因素。然而，为团队找到一名或几名合适的教练远比为你自己或某些特定的团队成员选择高级教练难得多。高管团队需要的教练要对公司、公司战略、团队结构、团队动向都了解，而集这些条件于一身的人却很少。这就是为什么有时候利用教练团队来引导高管团队会很有效。当一名教练引导领导者如何组织和领导团队的时候，其他教练就可以帮助团队成员发展团队自我管理能力以及与其他成员相互引导的能力。

同事之间相互引导

作为领导者，你的理想目标应该是最大限度地帮助高管团队实现自我管理。在团队发展周期的早期阶段，领导者要承担建立和加强团队规范的主要责任。到了后期，整支团队在领导者或外聘教练的合理引导下可以共同承担这个责任。我们在研究中发现，那些最杰出团队的发展依靠的就是领导者的引导和逐渐成熟的同事之间的引导。

不同的团队选择开展成员相互引导的时机也是不同的，但是一旦你建立了团队规范，那就让你的团队成员去互相指正违规行为，当然也包括你自己的违规行为，这样就可以发展团队成员自我纠错的能力。如果你告诉团队成员，你期望他们开始按简单的规范行事，如按期完成某件事，那么他们很可能会很快开发出更多的自我管理能力并加以利用。

有时候要把管理特定行为准则的责任交给最无视这一准则的团队成员，反其道而行之，往往是明智的，毕竟，这样的人比团队中其他的人更了解什么样的行为叫违反规范，而且我们常常发现他们能以诙谐的方式承担起贯彻这一准则的责任，还能从同事那里得到更多的鼓励。

尽管领导者永远都不能完全卸下引导的责任，但他们可以为团队中某些特定成员或整支团队提供空间，鼓励他们承担起引导的责任。当然，团队成员还可以在自己擅长的领域为团队提供引导。有时候，你会在团队里发现一两个拥有出色的团队引导技能的人，他们能洞察复杂的团队动态，擅长为同事或首席执行官提供有益的回馈。这样的成员是团队极其宝贵的财富，你应该鼓励他们要在任何必要的时候投入团队引导工作中。

在第 4 章我们提到过某比萨连锁店的高管戴夫・利维，他帮助团队避免了把过多的精力放在过去的业绩数据上。事实证明，利维是一名出色的团队引导者。在加入团队的时候，他惊讶地发现这支团队缺乏远见，把过多的精力用在了过去的业绩上（你可能会想起这样的情形，团队成员在会议上费力地翻阅一本厚厚的笔记本，上面汇集了公司旗下所有餐厅过去的业绩）。利维本可以把这种情况看作高管团队对其成员的要求，然而他没有，他开始紧密地与团队领导者合作，改变团队的工作过程。他帮助团队领导者思考如何促成有思想性和战略性的讨论，如何使团队不再过多地关注过去的业绩。利维的方法简单而有效，他不仅帮助团队取得了进步，而且随着时间的推移，他和他的上司也发展出了不一般的工作和私人关系，甚至他们不在一起工作后，还会继续一起探讨问题，互相提建议。

当团队领导者明确指定某个团队成员在一定时期内承担起引导团队的责任时，这个成员对团队的引导工作就会非常有效。他可能会这样说："我们该花一些时间来分析一下眼前的情况，亚历扬德拉，我知道你以前做过这样的工作，那就由你来带领我们完成这项工作吧。"领导者还可以让一个和正在解决的问题关系不太紧密的成员以协助者的身份为团队提供帮助。

值得注意的是，依赖团队成员为团队提供引导是有限度的。如果过度依赖某个团队成员，那么就会导致该成员为团队提供的引导逐渐模式化，导致其他人厌烦他，甚至不把他当作平等的团队成员去尊敬。我们发现，如果担任团队教练的成员来自人力资源部，那么上面提到的风险就会特别高。因为依靠人力资源部的方式来解决人事问题的自然倾向，会让这类教练在团队中的地位逐渐边缘化，这种情况对担任教练的人和整支团队都是不利的。此外，当只有一个成员为团队提供引导时，其他成员就几乎得不到提高引导技能的机会，这不利于培养团队责任感。

有时，为团队提供引导的成员会袒护有过失行为的团队领导者，当该成员还要为团队领导者提供引导时更是如此，在这种情况下，该成员实际上就变成了首席执行官的辩护者。玛西娅·格利登斯（Marcia Gliddens）遇到的就是这种情况，她是高级人力资源主管，同时也是我们所研究的团队的成员，负责引导效率低下且不成熟的首席执行官。这名首席执行官经常违反团队规范，无法有效控制自己的行为，更没有能力为自己的团队做引导。尽管格利登斯是一名很棒的团队教练，而且还帮助这名首席执行官改变了一些极其拙劣的行为，但随着时间的推移，她开始袒护这名首席执行官持续的不当行为。在为首席执行官一贯的拙劣行为辩解的过程中，格利登斯不但阻碍了首席执行官的个人发展，还失去了同事们对她作为团队教练的信任。

团队引导的 4 条良方

基于对高管团队的研究，我们提供了 4 条良方来帮助你引导团队，让团队成员愿意且有能力自己掌控团队的工作过程。

1. 不要忽视引导。尽管你的团队有可能会随着时间的推移发展出自我纠错的能力，但是如果你或其他人能为他们提供熟练而权威的引导，那你的团队就会获得更大的发展。

2. 如果你不具有引导团队的能力，那就去寻求外援。要想让你的团队遵守团队规范，那你就必须让自己的行为符合准则。一名经验丰富的专业教练，无论他来自组织内部还是外部，都能在团队引导上为你提供帮助。他能从旁观者的角度给团队工作过程立一面镜子，帮助你和你的团队将注意力集中在团队工作中最重要的问题上。

3. 认真把握介入时机。进行团队引导的时机对引导的效果有重大影响。在开始阶段，确定团队的主要目标，激励团队承担起具有挑战性的团队责任。注意团队工作中自然的转折时期，比如中间阶段或收尾阶段，与你的团队一起评估这些时段中的工作进展，辨别任何需要你做或需要你如何做的事情的动态。另外，要在每次项目或任务周期的收尾阶段花点时间做总结。这个时候你和你的团队才能收获你们要学习的东西，并为将来的协同工作提供借鉴。

4. 注意发展团队成员的引导技能。任何单个或成组的团队成员都可能拥有团队引导的天赋。开发出他们的潜能并加以利用，让这些有天赋的成员与你并肩作战，实现高效的团队协作。

无论你通过何种渠道为团队提供引导，都要记住作为团队的领导者，你仍然担负着重要的责任。归根结底，是你而非旁人必须去明确团队的目标，建立团队行为准则，挑选合适的成员，安排明确而重要的团队任务，提供充足的组织性支持，并做出实质性的贡献。没有这些条件，你优秀的团队成员只能自己去开辟道路，而他们开辟的道路可能与你背道而驰。

我们重申的这些条件，都是我们在整本书中讨论的重要条件，正是这些条件让团队引导产生作用。它们为高效的团队协作提供了平台，最大限度地减少了团队问题，提高了通过引导促成活跃的讨论和团队决策的可能性。

你做好应对设计、支持和引导高管团队挑战的准备了吗？你具备按照这些步骤成就伟大团队的领导力了吗？如果没有，你打算怎么办？我们将在第 7 章中探讨这些问题。

Senior Leadership Teams

第三部分

率领高管团队

▸ 第 7 章 ◂

培养你的高管团队领导力

大约 70 年前，某电信公司高管切斯特·巴纳德（Chester Barnard）写了一本书，后来被奉为宝典。它阐释了为了让公司走向成功，高管必须做的事情。它就是《经理人员的职能》（*The Functions of the Executive*）。英文书名中的第二个单词让巴纳德认识到，能否让人们互相协作以实现组织目标，取决于高管行使的某些职责。而且重要的是，他们做了哪些事，而不是他们的人格、家庭背景或地位，更不是他们的行事方式。

在写作本书的过程中，我们受益于自己十多年来对团队及组织领导力的研究，尤其受益于我们对高管团队的研究。我们发现，巴纳德所强调的高管行使职责有没有效，即能否成功领导高管团队，并非取决于领导者的行事方式，而是取决于需要做些什么来提高工作效率。由于做事的方式多种多样，因此没必要规定高管团队的领导者在特定的场合应该有何特定的行事方式，但这正是许多领导力类图书的作者很难摆脱的陷阱。

要造就一支杰出的高管团队，需要履行哪些关键职责呢？正如我们在前面几章所述，在所有需要履行的职责中有两个最为重要。

1. 构建一支良好的高管团队。这一职责包括确保构建的团队是一支真正意义上的团队，有明确的团队成员，成员间真正相互依赖，而且团队能保持稳定；还包括为团队确定明确的、富有感召力的方向或目标。这一职责意味着为团队挑选合适数量的合适成员，要选择那些能为团队工作带来急需的知识、技能和能力的人；为团队确立对应团队总体目标和责任的具体任务和团队规范。这一职责还意味着提供后勤支援，即为了能让团队发挥一流水平，提供必要的资源和支持机制。这些条件是高管团队取得良好表现的基础，但你的团队成员不一定能充分利用你所创造的这些有利条件。因此，必须履行第二个领导职责。

2. 人们在谈论团队领导力时，常常想到的是及时引导、培训，以及在团队成员协同工作时对其进行教育。这一领导职责常常由首席执行官来履行，也可以由团队成员或一名有能力的外部人员来履行。但是，即使他们能很好地履行这些职责，可如果一开始就没有构建一支良好的团队，那也很难使团队变得杰出。

所以，有效地领导高管团队需要履行这两个关键职责。如果第一个职责相当于正确铺设电子线路，那么第二个职责就相当于为这些线路提供电源并加以管理，二者都很重要，缺一不可。

正如我们在本书中一直强调的那样，好消息是没有哪条道路天然就是履行这些领导职责的正确道路。对你来说很舒心的事，对别人来说可能就很糟糕；对别人来说很容易的事，对你来说可能就很困难；对你来说行之有效的事，对别人来说可能就会事与愿违。尽管你可以通过观察学习其他首席执行官领导团队的方式，但你需要抑制自己模仿其中的最佳领导方式的冲动。否则，你会不可避免地成为你想模仿的人的翻版，这会索然无味。但如果你发挥自己的特长并根据自己的偏好来构建和领导你的高管团队，那你就有可能成为一名风趣幽默又卓越的团队领导者。

有几种特定能力可以帮助你最大限度地从自己的团队领导方式中受益。通过培养这些能力，你就有很大的可能来更有效地履行这两个重要职责。如果不具备这些能力，那么你在领导高管团队的过程中遇到困难的风险就会很大。例如，你精心策划的行动倡议可能会遭到意想不到的抵制，或一旦你将注意力转向别处，那原本有希望取得成效的事情就会不了了之。

接下来我们将利用我们研究过的一些首席执行官的经验，来阐明对领导高管团队最有帮助的几种能力。请注意，我们关注的主要是那些对领导高管团队特别有效的一些能力，还有一些其他能力我们没做讨论，因为这些能力与首席执行官的其他职责有关。[①]

• • •

如图 7-1 所示，我们列出了 4 种能力。左边一列是对履行第一个领导职责，即构建一支良好的团队特别有帮助的能力；右边一列是对履行第二个领导职责，即及时引导团队有帮助的能力。每一列又分为两组，即诊断能力和执行能力。

	团队设计	及时引导
诊断能力	组织洞察力 概括能力	监管能力 共情能力
执行能力	决策能力 政治能力	激励能力 培训能力

图 7-1　领导高管团队的主要能力

① 在为高管团队提供咨询时，我们总是针对特定的领导需求和特定组织的实际情况建立一种能力模型。我们在这里只讨论我们发现的对各种组织都有益的领导高管团队的能力。

诊断能力和执行能力都很重要，就像如果医生诊断错误，那就不太可能给予正确的治疗一样，如果高管团队的领导者不了解高管团队及其目前的工作效益，那他们所采取的措施就很可能无效甚至起反作用。但是，如果首席执行官不能帮助高管团队解决其面临的问题或不能把握正在显现的机会，那即使诊断正确也是徒劳，这一点千真万确。

我们对图 7-1 所列的每项能力进行了描述和阐释，请你就你在这些方面的表现予以打分评估。之后，我们再探讨你可以采用哪些策略，来提高那些你得分较低的能力。

团队设计能力

我们的研究表明，如果团队领导者想构建一支杰出的高管团队，那么他们就需要具备 4 种能力，即组织洞察力、概括能力、决策能力及政治能力，接下来我们逐一对其进行详细讨论。

Senior Leadership Teams
高效贴士

团队设计能力包括：

1. 组织洞察力。
2. 概括能力。
3. 决策能力。
4. 政治能力。

组织洞察力

郭士纳于 1993 年加入 IBM，当时他并不熟悉计算机业务，对公司的发展也没有长远的规划。事实上，当人们急切地要求他为公司制定一个宏伟的愿景时，他总是予以回绝。他说：“不要问我愿景的事，因为我还没有想好。

团队的所有成员都能为概念化团队工作做出自己的贡献，但只有首席执行官拥有这样一个特殊的机会或者说是特殊的义务来指导这项工作。这项工作至少需要一定的概括能力，即将众多相关的事实和想法收集于脑海中，并加以综合整理，再以条理清晰的方式告知他人，帮助他们理解并加以运用。

如果团队领导者不能将团队视为一个相互协作的整体，那么其成员也就不大可能构结成一支团队来完成共同的目标。例如，我们研究过一个名叫莱恩·特施（Len Tesch）的首席执行官，他习惯性地划定了他所领导团队的责任，如团队共同肩负着确定市场发展趋势的责任，然后又习惯性地将这些责任划分成各个独立的任务，“你负责亚洲 / 太平洋区域”“你负责欧洲 / 中东 / 非洲区域”等。团队成员尽最大努力将他们获得的成果拼在一起以掌握全球趋势，但特施一直对团队无力将各自的成果融合在一起而非常失望，直到他信赖的一名顾问为他提供了帮助，让他把团队工作看作一项大家应该齐心协力共同完成的任务。

决策能力

对那些认为首席执行官就是做决策之后采取行动的人来说，如果他们了解首席执行官完成任务时在敏捷性、积极性和能力方面表现出来的差异，那么他们会大吃一惊。即使是那些很有经验的首席执行官，要在正确的时候发出正确的指令也是很难的。例如，当需要就高管团队的构成或日程安排做出决定时，一些领导者会急于做出决策，如“我们赶紧做吧，做完就结束了”，而另一些领导者则等待的时间又太长，如“我们等一等，看看在我们采取行动之前能否找到更多解决问题的方法”，最杰出的高管团队的领导者则处于两者之间。

优柔寡断的领导者会让一支实际上很强大的团队受到破坏，一家大型快餐连锁店的高管团队就是这样一个例子。该连锁店的首席执行官拉尔夫·里迪（Ralph Reedy），是我们研究过的首席执行官中最聪明的一个。他能够从多个角度分析问题，对团队所遇到的问题常常有很新颖的见解，而且他能够不遗余力地琢磨出各种会产生长远影响的决策方案。可问题就在于，他太善于分析以至于不能胜任团队领导者的工作，他认为他的高管团队近乎无能。

在一次重要的会议上，该团队就扭转公司业务严重下滑应采取的战略进行了漫长而艰难的讨论。在里迪的参与下，团队成员最终就如何采取下一步行动做出了决策。散会后，他们觉得这个决策虽来之不易，但却是正确的。但会议结束还不到一个小时，团队成员就都收到了一份里迪发来的邮件，说他对这一决策进行了更深入的思考，觉得他们需要随后再召开一次会议进行讨论。这件事让团队成员觉得他们此前召开的团队会议简直就是在浪费时间。①

里迪的问题在于不能迅速果断地采取行动。一家信息技术公司的新任首席执行官莱昂·费勒（Leon Ferrer）的问题则正好相反。这家公司业绩不佳，费勒的任务就是改变这一现状，于是他决定做的第一件事就是构建一支新的团队，人员均由他挑选。

在三个月的时间里，费勒撤换了首席运营官、基础设施部主管和外聘员工部门的主管。问题是新任命的负责人虽然技术很强，但却不了解这家公司系统的技术情况，毕竟这些知识都存在于那些离任高管的头脑中，而不是印在技术手册上。在短短的时间里，系统开始崩溃，更多的员工开始离开公司，费勒的职位也难以保住了。决策太快与太慢都很危险，不论是对首席执

① 里迪的顾问很吃惊，他最终觉得，他在会后与里迪的谈话显然促使这名首席执行官重新思考团队的讨论会，而且开始怀疑是不是应该在团队会议结束后过段时间再与里迪见面。不过这种想法很快就过去了，他开始将重点放在如何帮助里迪培养决策能力上。

行官还是对公司来说都是如此。

威廉·塔雷（Wilhelm Tare）是一家市立医院的新任院长，他做得就很好。在到任的头几个月里，他花了大量时间倾听、观察和学习，发现有许多规定和做法导致他接手的这支团队无法顺利开展工作，而且他相信，也正是这些规定和做法影响了医院的服务质量和服务效率。当塔雷最终采取行动时，就做出了一项重大举措，他辞退了外科主任。在医院里，这位外科主任享有崇高的威望和地位，但他也是阻碍医院发展的那些规定的代表和积极执行者。塔雷没有过快地采取行动，但也没有等太长时间。他在正确的时机采取了果敢的行动，从而为医院实行建设性的改革带来了机会，而且在这一过程中，他还有力地强化了高管团队。

无论何时，在领导方面做出一项重大决策时，总会有一些不确定性。而一旦有不确定性，人就会焦虑。这个决策正确吗？我与团队成员做过充分的交流吗？我是否应当缓一缓再做决定？我是否等的时间太长了？迅速做出决定或缓缓再做决定可以减轻你的焦虑，但付出的代价往往是要么做出的决策不好，要么缺少高管团队的参与。因此，培养控制个人焦虑心理的能力，不仅可以大大加强你营造良好的组织氛围、提高团队工作效率的能力，还可以帮助你的高管团队在一些困难问题上做出决策。

政治能力

政治行为常常被看作后台运作，而且不顾及事实。对高管团队领导者来说，持这一观点是不利的。要使团队组建起来并得到大力支持，政治活动几乎必不可少，而且一些杰出的高管都知道如何在实现政治目的的同时不违背他们的个人道德标准。

只有那些天真的领导者才会认为，仅仅提交一份备忘录，或发一项声明，就可以构建起高效管理团队所需的组织和系统。创建一支良好的团队需要精心准备，需要具有磨炼出来的掌握正确时机采取行动的敏感性，并且需要重视与他人交往的技巧。

准备工作常常会被忽视，但这却是与领导工作真正相关的一项任务。它包括尽一切可能来扩大和加深你对公司的了解，知道公司最需要做哪些改变；与大家分享你对公司前景的设想；建立一个能随时为你提供支持的联盟；采取措施来协调那些有权势且可能持怀疑态度的人的利益，因为你需要他们的合作。

所有这些事情都需要时间和极大的耐心。欧洲一家大型汽车零配件公司的首席执行官艾伦·伯纳德（Alan Bernard）想重新组建他的高管团队，他认为他的前任，即现任董事会主席不太适合继续留在高管团队，因为董事会主席的技能与其他成员相比显得多余，更重要的是他不想再处理前任遗留的问题。相反，他希望自己可以开辟一条崭新的道路，推动公司向前发展。

但是伯纳德并没有立即将他的前任从高管团队中除名。他告诉我们，这样做会被其他高管认为不忠诚，而忠诚是他们的企业文化中很重要的一个方面。所以，伯纳德并没有急于行事，而是等他作为首席执行官创造了自己的业绩，并在这一过程中培养了一批忠于他的骨干团队成员后，才采取行动。

有时采取一项重大行动永远不会有正确时机，这个结论是一家管理机构的首席执行官海因·格雷奇特（Hein Grecht）得出的。这家机构主要为一些罗马天主教医院服务，而他领导的高管团队面临的问题之一，就是如何让医院既能提供高质量的医疗服务，又能在财务上保持可持续发展，而且这些医院有宗教背景，还需要为一些没有能力支付医疗费用的人提供服务。

这支高管团队中有一个成员是比特丽斯修女，她80岁高龄，是一个宗教团体的成员，而这个医疗系统就是这个宗教团体旗下的。尽管比特丽斯修女在该宗教团体中担任的正式职务并不一定重要，她也并不一定就有资格成为高管团队的一员，但正如机构的首席执行官所说："她与梵蒂冈有直接联系。"所以他让她留在高管团队里，而她作为团队的一员，有助于确保宗教特性在团队制定的规章制度中得到尊重。尽管团队的工作非常繁忙，还要应对提供高质量、低成本医疗服务所面临的挑战，但每次会议开始和结束时都会祷告。格雷奇特说，比特丽斯修女作为团队的一员，可以帮助团队的其他成员包括他自己，始终清醒地认识到他们在医院工作的原因。

为了为高管团队提供足够的支持，高管常常需要与公司其他部门的同事打交道。我们的一位同事讲述了一家中型制造厂生产部门的主管汉克的故事，他的团队需要与维修和工程部门的负责人密切合作，需要得到他们的支持。过去，这些人虽然不是完全没有提供帮助，但提供的帮助少得可怜。巧的是，汉克所在的工厂位于边远山区，他和同事常常去打猎。汉克是参与打猎的那些高管中装备最好的，而且是职位最高的。有一年当猎鹿季节到来时，他邀请维修和工程部门的负责人一起去打猎。在篝火旁，他们开始了交谈，谈的话题十分深入，最终他的团队与这些负责人之间的关系发生了根本性的好转。

汉克在帮助他的团队获得支持方面表现出了高超的政治性技巧。仅仅依靠自己在管理方面的权势，或通过正常的组织渠道，都无法实现这一目的。像汉克这样在政治方面有悟性的领导者，都表现出了坚毅和创新精神，来调动他人的兴趣，协调他人的利益，从而为自己的团队谋得所需的资源，解决遇到的困难。而且，如果一项战略没能发挥作用，那他们就会想其他办法去尝试，直到找到一个采取某项措施的更好时机，或找到其他可能带来帮助的个人或团体。拥有这些技能并能与同事一道很好地利用这些技能的领导者，能够采取许多措施来解决阻碍团队发挥作用的问题。

及时引导能力

与构建一支团队类似，要想及时引导一支团队也需要一系列能力，即监管能力、共情能力、激励能力以及培训能力。下面我们将逐一讨论这些能力。

Senior Leadership Teams
高效贴士

及时引导能力包括：

1. 监管能力。
2. 共情能力。
3. 激励能力。
4. 培训能力。

监管能力

构建一支高管团队的前提条件是，能敏锐地认识到一支团队应该是什么样的，并且要有效地领导它，前提条件是具备判断并厘清团队工作现状的能力。

但是，高管团队的成员常常不让首席执行官了解他们所沟通的方方面面，而这恰恰是领导者最需要了解的。为了保护他们自己（或者你），团队成员可能会伪装一番。比如，他们可能会装得让他人觉得他们在工作中的合作很和谐，而实际情况并非如此；或者他们会装得已成功解决团队问题，但事实是那些问题正让他们头痛不已。不管是何种原因，缺少反映团队内部各种制约因素的真实数据，可能会导致你在问题最终爆发时对情况一无所知，而这种情况往往会发生在你最需要团队齐心协力做好工作的关键而紧迫的时刻。

因此，对高管团队的领导者来说，监管团队的各种制约因素是一种很重要的能力，很值得投入时间和精力来培养。即使是那些监管能力很强的领导者，如果有一名可信赖的观察员帮助他了解团队内部的各种制约因素，那么也会受益匪浅。这名观察员应该处于可以观察团队各种制约因素的位置，能够对其进行解读，并能坦诚、毫不掩饰地告诉你团队的现状。

这些受人信赖的观察员常常在私下里反思团队行为，向团队领导者提出忠告，而且在团队讨论会上，尤其是在了解大家的感受或观点这样一些可能使某些团队成员感到不自在的场合，他们也能提供帮助。像“我们是不是可以听听乔治娅的看法，这也许会有帮助”这样一个简单的建议，常常就能把问题提出来，否则问题就无人知晓。

斯泰茜·金（Stacy King）是一家大型多功能电子产品公司的首席运营官，也是首席执行官阿恩·埃默里（Arn Emory）的可信赖的观察员。埃默里很是吃惊，因为他的一个高管团队成员也就是区域主管，根本就没有遵照团队共同制订的战略计划行事。这项计划的内容是把推销公司产品的重点放在全球，而不是某个区域，埃默里很疑惑：“为什么他们不朝着这个目标共同努力呢？”

斯泰茜·金让埃默里留意团队会议中发生的一些变化，这些变化表明，团队成员不愿意公开表达他们对这一新战略的真正看法。在得到斯泰茜·金提供的分析数据后，埃默里与团队进行了沟通，增强了团队成员之间，以及团队成员与他之间坦诚交流的意愿。

在这个案例中，斯泰茜·金本人也是高管团队的成员。在其他情况下，受信赖的观察员可能是一名内部或外部咨询人员，他可以帮首席执行官观察团队，并在这一过程中提高领导者的观察能力。当然，这种情况的风险在于，咨询人员在观察方面投入得更多，而忽视了领导者的能力建设。因为这样做，咨询人员不太可能会丢掉工作，团队领导者也会觉得得到了很大帮助，但却不利于提高首席执行官自己的监管能力或团队的自我管理能力。

你也可以借助一些格式化的表格来监管团队。在与高管团队合作期间，我们就采用了团队诊断调查表的形式。利用这张表，我们可以用本书提出的杰出团队需要满足的条件对团队进行评估，看其存在的优势和劣势。尽管这张表适用于高管团队，但这仅仅是众多格式化表格中的一种，领导者还可以采用其他格式化表格来帮助自己了解团队存在的各种制约因素。

所有可信赖的观察员、咨询人员以及格式化表格等工具，都可以帮助你掌握高管团队所取得的进步及存在的各种制约因素。它们可以作为一种补充，但绝不可以替代你自己去了解、跟踪、掌握团队工作情况的职责。当然，最强有力的诊断工具是团队本身。当所有团队成员都不仅致力于他们的集体工作，而且也不断对团队的工作情况进行评估时，你的团队就在日渐成熟，团队的学习能力及工作效率也将不断地、螺旋式地上升。

共情能力

在由一个个奋力拼搏的个人组成的高管团队中，人际关系的敏感性有多重要？我们的研究表明，这一点非常关键，如果半数或半数以上的团队成员在这一能力上得分都不是很高，那么该团队就不太可能成为一支杰出团队。对团队领导者来说又如何呢？有没有特别要求首席执行官能够理解团队成员的感受？

一家纺织品公司高管团队成员之间的沟通很有启发性，该团队的成员有着一般高管团队成员都会有的问题：“我们不信任彼此。”当让他们举例说明时，一个成员说道，他无法指望其他成员留意与他有关的事，更不用说关心了。在他看来，团队成员只关注自己的事，根本不关注他人的事，也不关心整支团队的事。当团队开始讨论一个涉及所有成员的重要项目的进展情况时，团队的信任问题就会浮出表面。

珍妮特·菲尔（Janet Fieri）负责一个审查项目，当其他团队成员对这个项目议论纷纷，并称该项目目前困难重重时，菲尔坐在一旁保持沉默。后来她终于再也无法控制自己，情绪激动地指出，同事们说的那些让该项目顺利进行需要做的事，很多都已经做过了。这时，公司首席执行官玛德莉娜·格雷罗（Madelina Guerrero）插话说："菲尔，我完全理解你遇到的挫折。这样的项目常常会遇到这些问题，因此我们都应当清楚，你可能需要反复几次才能把事情做好。"这是一件小事，但格雷罗短短的几句话却表现出她对菲尔的感受产生了共情。格雷罗这样做，一是给菲尔一些支持，一是向其他成员传达一种信号，即要多一点耐心，对菲尔的责怪也要适可而止。

我们再举另一个案例。一家大型金融服务公司的人力资源部主管詹恩·威尔斯（Jann Wills）负责筹划公司的假日聚会，他在高管团队会议上宣布，有必要改变聚会的地点。客户服务部高级副总裁回应说，地点的改变对他部门的人来说可能是一个很大的问题，他表示应当对此展开讨论。但首席执行官伯纳德·伊莱亚斯（Bernard Elias）阻止了这件事，他说："就让威尔斯来处理这事吧，这是他的任务，他有能力处理改变地点一事，我相信他能帮助你解决你或你的下属可能因此而遇到的问题。"伊莱亚斯用一番温和的话语阻止了可能会因小事展开的一次为时不短的讨论。他感受到了威尔斯（将会受到批评）和客户服务部副总裁（不得不将一个不受欢迎的变化告诉自己的下属）的情绪。同时，他还避免了改变团队当天的会议议程，因为当天根本没有时间讨论公司假日聚会地点的事情。

这两支高管团队的领导者都展现出了共情的能力，只是方式有所不同，格雷罗感受到了菲尔有受挫感并对此做出反应，伊莱亚斯体察两方的感受，阻止了一场可能会不愉快且没有必要的争论。你可以预测一下，如果这两支团队的领导者都没有体察到他们的团队成员的感受，那将会发生什么事情？一旦如此，就很可能会引发团队成员间的相互对抗，团队成员可能会找出很多别的证据来证明不能信任他们的同事，从而削弱团队的协作能力，哪怕只是削弱一点点。每次出现这样的情况，就会一点一点地演变成更严重的不信任问题，最终导致成员之间更不愿意坦露心声，这一切都与真正的团队合作所需背道而驰。

如果共情能力有助于解决前面所述的一些小问题，那么也有助于解决一些威胁高管团队实现目标的重大问题，如解决集体出现的重大工作失误，纠正某个团队成员长期工作业绩不佳的问题，或者调整威胁某个人或某些人利益的组织。作为领导者，能体察他人的感受，并不意味着你要违背事实，让人确信那些问题并不会产生多大影响，或那些重大问题应当暂时搁置一边，过后再处理。相反，这意味着你可以感受到团队成员的情感，并接受和理解它们，同时在解决情感问题时，把它们当作高管团队管理工作中不可分割的、必不可少的一部分。

激励能力

大家都希望首席执行官对自己所在的组织充满激情，并对组织的未来有远大抱负。大多数首席执行官确实也都非常关心他们的组织，但只有领导者有激情是不够的，他还必须让组织中的其他人也对组织充满激情。百事公司的首席执行官罗杰·恩里克曾经说过，他花了99%的时间为公司制定共同的愿景，并让公司里的每个人都朝着这个目标努力，在这一过程中，他不惜使用可调动的一切资源，在言语、符号、工作日程、奖励和人事等方面做出决策。

恩里克下达的任务在公司得到了贯彻执行，这在我们的一名同事与其高管团队中的一个成员的交谈中得到了证实。这个成员任职于 Frito-Lay，该公司主要生产并销售包括薯片在内的零食，而且都是人们非常喜欢的产品。这个团队成员迫不及待地告诉我们有关他近期度假的一些情况，他说："我去了苏格兰，参观了那里的土豆种植区，今年真是土豆丰收的大年。"然后他又开始不厌其烦地讲述要生产优质土豆需要哪些条件，以及为什么种植季节对生产优质土豆来说是那么重要。他对公司的激情以及他所做的事很有感染力，而这一切都得益于一个在 Frito-Lay 仅仅管理财务的成员。

这与我们拜访一家大型计算机公司的经历形成了鲜明对比。人们对新兴电子技术的兴趣可能比薯片高得多，但是在该公司的总部却根本看不出这一点。高管都忙于自己手头的工作，他们在谈论财务、人事及其他与经营公司有关的事，但却都与公司的产品无关，甚至与即将推向市场的一个创新计算机系统无关。在一天的工作结束要离开总部大楼时，一名咨询人员说："如果我不知道这家公司的名字，那么我根本就不知道他们在生产计算机！"不管该公司的首席执行官对公司和产品有什么样的愿景，他都没有传达给他的高管团队，也没有通过高管团队传达给公司的其他人。

首席执行官怎样才能用愿景激励高管团队，让成员充满激情、专心致志地做那些对公司来说特别需要做的事呢？一个常见的情景是一名领导者站在讲台上，用鼓舞人心的话语动员团队。这一做法有一些作用，而且如果你是一名很会激励他人的演讲人，那只要有机会，你就应当占领讲台。但如果你不喜欢演讲，或演讲效果不好，那该怎么办呢？

正如人民快捷航空公司创始人唐·伯尔（Don Burr）告诉他的高管团队的那样，激励大家的方法有很多种。伯尔对能鼓舞人心的领导力深信不疑，而且他自己也很善于发表演讲。一天，他在一次培训会议上讲道："没有什么能比超凡的领导魅力更重要的了，如果你对此持怀疑态度，那么你看看迈克是如何领导他的团队的。”这一番话吸引了大家的注意力，因为迈克是公司信息技术部的负责人，不太爱讲话，而且还有些害羞。伯尔解释说：“迈克虽然不会像我这样站起来发表一通长篇大论，但他了解我们的规则，而且他对我们的客户非常负责任，他所说的每句话，所做的每件事，都能体现出他的这种态度。他有着特有的领导魅力，而这正是我对你们的期待，希望你们能利用自己特有的长处，不论这长处是什么，去激励他人与你一起为公司的目标共同奋斗。”

当越来越多来自不同种族的成员组成高管团队时，伯尔告诉他的团队的这一经验就尤其重要。那些利用煽动性语言来激励大家的领导模式对来自某些国家和文化的高管来说并不太适用。例如，在一家大型全球性公司，其高管团队中那些来自亚洲的高管在席位上并不占优势，为什么呢？一名高管解释说：“他们不具有我们所需要的那种激情，他们中的大多数人缺少作为领导者所应具备的那种重要素质。”

一名来自亚洲的高管对这种描述表示反对，他们之间就此展开的对话大致如下。

“我们拥有的激情不比你们差，只是我们表达的方式不同罢了。”

“你们怎样表达？”

“我们是通过对工作的专心致志，即加班加点地工作，勤奋地工作，以及长期为同一家公司效力来表达的。”

“但你们如何激励他人？这也是在这里担任高管应具备的很重要的一部分职责。”

“夸夸其谈不符合我们的文化。”

“但如果你是一名高管，那么你就必须激励公司所有人，而不仅仅是其他亚洲人。你如何做到这一点？”

这场谈话似乎一度陷入僵局。后来有人想起了一个名叫木村的人来，木村是一名来自亚洲的高管，他的确能够激励他的团队成员，而且他做到这一点并不是依靠“上蹿下跳、挥汗如雨地发表演讲”，这正是亚洲的高管反对的那种领导模式。最终，大家一致认为亚裔高管应当大力向木村学习，而且他们中的每个人都应当找到属于自己的独特方法来激励团队。

对高管团队来说，激励性的领导力确实不可或缺，但并没有发展这种能力的最佳方法，关键是要明确可以运用你的哪种技能和行事风格来激发大家对工作的激情，然后磨炼和提升这些技能，强化这种行事风格，让其成为你团队领导力的重要组成部分。

培训能力

高管团队接受的培训常常严重不足，部分原因是首席执行官并没有对高管团队成员的互动进行多少调整。但是，如果你希望你的高管团队制定出有建设性的规章制度并加以实施，进行热烈但不跑题的讨论，并不断地总结经验，那么培训技能必不可少。

提高培训技能有两条途径，即制作一份高质量的调查问卷，以及磨炼你掌握时机的能力。高质量的调查问卷是一种运用广泛的团队培训手段，因为有一份高质量的调查问卷，首席执行官就不会是了解团队互动过程的唯一专家。例如，就团队的优势和劣势，以及什么行为会提高或削弱团队工作效率等问题对团队进行问卷调查，可以让你利用团队其他成员在培训方面的聪明才智，与此同时，还能利用你的权威来确保团队的工作过程得到关注。

此外，在回答一组诊断性问题时，团队成员就是在共同完成一项任务，这将有助于他们体验什么是一支真正的团队，防止他们依赖领导者来完成所有的培训任务。而且提问可以促使团队进行反思，从而展开更深入的讨论。成员也更有可能对学习持开放态度，既能从反思中学习，也能互相学习。

例如，在任务中期和末期好好进行总结，主要作用是促使团队花些时间反思，之后，再就取得的成功进行提问，如成功的原因何在，以及就遇到的挫折进行提问，如下次该如何改进。我们在第 6 章谈到的大多数有效培训手段的案例就是依靠这类提问进行的。例如，在由麦西领导的高管团队对一家全球性食品配料公司进行引导时，团队教练通过提问帮助团队吸取了公司在南美洲召开的会议的成功经验，让团队对“会议如此富有成效的原因何在”这个问题进行共同思考，可以让他们重复做以前做得正确的事。但有一个问题应牢记在心，即提问时不要让人觉得你已经知道了正确答案。如果团队成员都在轮流猜测并等待领导者点头或摇头，那么这就表明提出的问题最好是一个开放性的问题。

把任务中期和末期作为对团队进行建设性培训的时机，就是强调了另一项培训技能，即把握好时机的重要性。把握时机是一件难度较大的事情，有时你会太沉浸于团队的具体工作而没意识到培训的好时机，从而与之失之交臂，等你意识到时已经为时太晚。有时你会发现团队开始偏离正轨，并有强烈的立即介入的冲动，以便立即采取措施使团队回到正轨。这些都表明，让团队重新审视其工作重点是一项恰当的培训措施，但团队并不总能敞开心扉接受这样的培训措施。尽管在团队存续期间，可以预测在某些时机，团队成员会积极反思，但繁重工作的中期并不是这样一个时机。因此，有时你需要抑制立即干预的冲动，然后等待一个更好的时机。

鲁尼·阿南德（Rooney Anand）是英国啤酒公司格林王（Greene King）

的首席执行官，他曾告诉我们，他至今仍把握不好时机。有些时候他只想直接介入，说出自己的见解、意见、解决方案或其他办法，但他意识到在那样的时刻介入会让团队偏离正轨。他说：“我想找出问题并加以解决的冲动和愿望占了上风，但我采取行动的结果是让团队成员暴躁或干脆沉默不语。”

所以，正如阿南德所说，他抑制住了在团队进行讨论，尤其是讨论正激烈时提出建议的冲动，转而把他的所思所想记录下来，然后在会后听取报告时反馈给大家。像阿南德那样试着把握就团队工作情况提出意见的时机的方法，是学习如何在团队能够接受并从中有所收获的时刻采取培训措施的一个非常好的战略。

你的团队领导力如何

至此，你已经了解了领导高管团队应具备的主要能力，也知道了其他领导者是如何呈现这些能力的。现在请你抽出一点时间反思一下自己的综合能力。下面是有助于你了解自身能力的一项自测，它首先考察你的团队设计能力，其次考察你的及时引导能力。请你根据如下标准给自己打分：

- 5 = 我的核心能力。我在领导工作中依赖这项能力，而且我相信这是我综合能力中的最强项。
- 4 = 我的强项。我很重视这项能力。
- 3 = 不确定。有些迹象表明我具备而且可以运用该能力，也有一些迹象表明我不具备且不能运用该能力。
- 2 = 我的相对弱项。我很少运用该能力，而且运用时对这项能力能否发挥作用也没有信心。
- 1 = 我不具备该能力，而且对将来能否具备这种能力也感到悲观。

团队领导力自我评估

团队设计能力

________组织洞察力　　________决策能力
________概括能力　　________政治能力
团队设计能力平均得分________

及时引导能力

________监管能力　　________激励能力
________共情能力　　________培训能力
及时引导能力平均得分________

- 你的哪一项能力最强？今后最需要培养哪些能力？
- 看看你这两项能力的平均得分，是你的团队设计能力强还是及时引导能力强？
- 相对于你的执行能力，你的诊断能力如何？
- 考虑到各种因素，哪些能力可能是培养你今后作为高管团队领导者的最高杠杆点？

增强你的综合能力

采用什么样的培训程序才能帮助团队获得新的能力并提高现有能力，对此我们知之甚少。但我们知道，领导者无法通过读书、听课或案例分析来掌握新的能力。培养领导力几乎都要经过大量的练习、详细的反馈和反复的实践。这些要求明确以后，有哪些实用的方法可以有效地提高你领导团队的综合能力呢？

这里有三种常用的拓展能力的方法：

1. 寻求专人指导以培养某些能力。
2. 依靠高管团队其他成员的帮助来培养某些能力。
3. 通过试验和经验获得某些能力。

专人引导

一方面，和医学诊断培训一样，培养团队的诊断能力也必须在概念框架和具体案例间经过大量反复的认知实践，并通过分析对比查看两者之间的异同。

另一方面，培养执行力通常还必须实地观摩能力很强的人是如何处理问题的，然后以你自己的方式和风格模仿实践，并观察反馈情况。因此，学习诊断能力和执行能力必须有专人引导，这样做可以在一名奋发向上的高管身上取得奇效，当然也要付出很多努力，投入大量时间，有时甚至还要付出代价。

专人引导最好是针对那些你不确定或自我评估得分不是非常低的能力。一个好的引导者应该完全具备你需要培养的能力，而且能够有机会观察你的行动，能够通过详细的行为反馈，帮助你找出自身的优点并发现学习机会，还能够帮助你分析你在哪些范例中有效地展示出或未能展示出你的能力。专人引导侧重于你在自测中得分为 2、3 或 4 的能力。

邀请他人分担领导权

分担团队领导权涉及邀请高管团队的某些成员代表整支团队负责某些具体职责。在组织中的其他更为平等的团队间有这种领导权分配方式，但在高管团队中却很少见。因此，你也许需要邀请成员来分担领导权并明确这件事，因为有些人会认为自发担负起团队的领导权是对你的法定权利的篡夺。

我们建议你依靠他人来弥补自己明显欠缺的能力，也就是那些你很少运用或从未运用过，甚至也不愿意培养的能力。例如，请设想一下，你对监管团队的变化不是很在行，而且也没有兴趣培养这种能力。正如我们在前面所指出的，这种能力是可以从高管团队中提炼出来的。同样，团队的概括能力有助于明确和澄清团队对其共同目标的理解。有经验的高管团队领导者会始终注意发现机会和时机，利用其他团队成员的能力来弥补自身领导力的不足。

通过尝试来提高能力

如果你的团队在近期工作中没有安排专人能力培训，那么还有其他办法能帮助你成为一名高管团队的领导者吗？这里有一条途径，即从经验中学习，在日常工作中随时随地发现学习机会。

在理想情况下，高管团队的领导者在工作中一定不能放松学习，领导者和团队成员都是如此，这样做有助于团队及其成员不断提高能力。但是，要想随时随地学习，就要求高管团队领导者必须超越自己多年养成的领导习惯，向成就了伟大高管团队的典范学习。在这个过程中，你必须主动尝试新的和不熟悉的领导方法。尝试就有可能失败，高尔夫或网球选手在尝试新的持拍方法或移动步伐时，都会因此在一段时间内成绩变差，但是这些尝试也会带来其他方法无法带来的收获，对新的领导方法和能力的尝试也是如此。

事实上，犯错和失败比成功能带来更多的学习机会，因为失败可以让你深入思考对如何改进团队领导力的假设以及领导团队的思维模式。实际上，犯的错误越大，学习的机会就越大。想要从失败中学习就必须提出迫切需要解答的问题，例如，你深信的假设是否正确或自己在分析或执行力方面存在哪些缺陷；还必须收集有助于解答这些问题的资料，然后改变自己的思维模式和行为。这些活动并不是自然发生的，其发生也不是一个愉悦的过程，对“从错误和失败中学习”缺乏经验的成功人士来说更是如此。

因此，想要领导好高管团队，就要在调动自身或他人学习热情方面必须有相当的情感成熟度。从学习的角度出发，情感成熟的领导者愿意且能够通过错误或失败尽快激发自己的学习热情，而不是降低。有时你甚至可能需要采取一些临时调动学习积极性的措施，为今后的学习或改变奠定基础。

此外，杰出的团队领导者能够控制采取行动的冲动，如控制自己不去纠正刚刚显现的问题或利用突然出现的机遇，直到有更多的干预依据或团队愿意接受这种干预。能否控制住及早处理问题的冲动，能否设法控制住自己的焦虑心态和情绪，能否既发现事实又不让自己的行为被情感左右，是衡量一个人的情感成熟度的最佳标准。

与我们在本章探讨的培养认知能力和行为能力不同，培养情感成熟度必须成为一项长期任务，它不是仅通过学习领导力课程就能获得的。这种能力的培养无法通过理论学习或分析他人的失败来获得。相反，它要在一个安全的环境中，在他人明确的鼓励和支持下，通过解决实际问题来实现。

只有积极主动地创造机会，才有可能养成持续学习的习惯，并在这个过程中为其他高管团队成员树立榜样。一旦在团队中形成持续学习的局面，团队本身就可以成为实现团队重要领导职能的又一资源。实际上，伟大的高管团队的伟大之处之一，就是当首席执行官出现失误（这是不可避免的）时，其他团队成员能够迅速弥补，并在必要的时候甚至能够提醒首席执行官回到正轨。

第8章
让高品质的高管团队更加强大

在本书最后一章，我们再凝练及强调一下我们对高管团队领导者的行为有重大影响的发现。

你可能不需要团队

高管团队有点像音频放大器，无论输入什么信号，输出时都会被放大。设计良好、支持有保障的高管团队，其系统效能和灵活性令人惊奇，就如同莫扎特舞曲环绕声一般。设计良好的高管团队，其工作所能取得的成效是任何传统组织都不能比拟的。在这些传统的组织中，每名高管个人的活动是由首席执行官协调和控制的。相反，设计不好的高管团队会导致高管之间四分五裂。即使他们没有导致组织失败，也会随着某些情况的发生而使组织发展缓慢、涣散，甚至倒退。他们所领导的企业也很容易被在传统领导方式下运转平稳的企业所赶超。

因此，问题不在于组建了高管团队的组织比不是由真正团队领导的组织好还是坏，因为有时组建了高管团队的组织比采用传统领导方式的组织好，有时却反而还不如它们。问题在于你的组织是否需要高管团队，如果需要，那么你能否构建和支持它，让它最大可能地取得成功。

审视任何一个组织，你都会发现有这样几种类型的高管团队：

1. 资讯型团队，以交流信息为主要目的的团队。
2. 顾问型团队，为首席执行官做出重大决策提供咨询的团队。
3. 协调型团队，协调行动的团队。
4. 决策型团队，就组织重大问题做出决策的团队。

资讯型团队和顾问型团队对设计、支持和领导力方面的要求低于协调型团队，更低于决策型团队。

由于协调型团队和决策型团队的工作事关重大，因此首席执行官必须谨慎运用这些团队。功能不良的资讯型团队或顾问型团队造成的影响不大，但是功能不良的协调型团队对组织运行造成的危害可能是灾难性的。对决策过程完全缺乏认真思考的决策型团队会危及组织的生存能力。实际上，只有在完全确定能够给组织带来实际利益的情况下，以及在能够很好地构建、支持和领导团队的情况下，才应该组建后两种类型的团队。

虽然如此，但不必从一开始就具备组建高管团队所需要的每一个条件。但如果不具备3个必要条件，即真正的团队、富有感召力的目标、合适的成员，那么确实不应该组建高管团队。通过逐渐强化3个赋能条件，即完善的结构、支持机制和团队教练，可以为团队今后的发展奠定基础。但是如果在一开始就要求完全具备这6个条件，那对首席执行官的要求就太高了。这就像换汽车轮胎，应该先拧紧几个螺母，然后再拧紧其他螺母，最后再重新加固刚开始拧紧的那几个螺母。

赋予高管团队最重要的工作

在我们研究的高管团队中，他们的日程安排都令我们感到吃惊。高管团队的成员都是高管，他们的时间十分宝贵，有的成员有时甚至绕半个地球来参加高管团队会议。但是在高管团队会议上讨论的问题，有时却没有包含企业生死攸关的重大问题，即使有可能包含，也只是提一下却什么都没有做。实际上，会议上讨论的都是诸如怎么解决吹雪机、存储箱、宴会菜单之类的问题。

如果你要组建高管团队，那么这支团队必须是一支有实实在在工作内容的真正的团队。这意味着每个人都清楚地知道谁是团队成员，而且团队成员必须在一起磨合足够长的时间，以学会如何合作，团队的主要任务是对整个企业都非常重要的工作。

赋予高管团队有意义的工作，面临两个主要挑战。第一个挑战是，与明确一线小型高管团队的任务（如制造某种产品或提供某种服务）相比，明确大型、复杂高管团队的领导任务更难。例如，高管团队如何很好地掌握各项工作的进展情况？掌握工作成果是团队设计中要实现的一个重要功能，高管团队肩负着做出关乎企业长远发展的战略决策的责任，但是要得到关于团队表现的真实可信的数据却困难得令人恼火，因此团队有必要抽出时间来解决这样的问题，即我们如何掌握我们的工作成果？

第二个挑战是，团队成员都来自企业不同的部门，团队工作不是他们唯一的工作。这意味着所有的成员都像是在两条道上使劲，他们一方面要经营好他们所负责的部门，另一方面又要为领导整个企业做贡献。团队中对这种现状的抱怨普遍存在，有时甚至很激烈。团队成员可能会问："你希望我做什么？告诉我，我来做，你至少要明确地告诉我你希望我做什么吧。"有个首席执行官的回答是："我希望你两项工作都做，这就是你的工作。"工作和家庭生活之间有相似之处。你的家庭希望你当一个什么样的人，养家糊口的人、配偶还是父母？高管团队的成员必须学会同时做好这两项工作，如果顾此失彼，那就相当于只完成了一半工作。

首席执行官的责任是确保企业最宝贵的高管认为这两项工作都值得他们投入时间、才智和精力。如果你希望你的高管团队的工作与团队成员自己所承担的工作同等重要，那么你赋予团队的工作就必须对企业至关重要，而不是那些琐碎的或简直就是在浪费时间的工作。

清晰明确最重要

高管团队仅仅有了实实在在的工作是不够的，团队成员还必须对这些工作的最终目标有十分透彻的理解。我们的研究表明，高管团队的大多数成员都能认识到他们的团队工作十分重要，他们也能理解实现团队目标是一个挑战，但问题是他们在实际工作中遇到的挑战，常常还涉及要想方设法地弄清楚团队应该做什么。

使高管团队的目标清晰明确绝非小事，即使是才华横溢、精力充沛的高管，也可能无法达到承担首席执行官领导责任的要求。与高管团队共同承担这些责任可能十分有益，尤其是对某些有众多分公司的全球性公司而言，这也许是必需的。但要想从高管团队中获益，就必须清晰地划分首席执行官、其他高管和高管团队的管理责任。除非严格、系统地进行划分，否则有些团队成员最终会对团队的主要目标感到疑惑。在我们研究的大部分团队中，团队成员形容他们的团队目标"挑战性有余而清晰度不足"，但对大多数杰出团队而言，团队成员在相互合作中体验到的都是目标的挑战性和清晰度相当。

我们在研究中最常见到的疑惑之一是，高管团队的目标与组织的整体目标难以区分。确实，高管团队的工作是由组织的整体战略决定的。如果组织的战略模糊不清，那么也不可能为高管团队提出富有感召力的目标。但是，高管团队不等同于组织，它是其成员共同为组织服务并发挥领导力的一个小群体。最优秀的首席执行官能够认识到高管团队目标和组织目标之间的差异，并且能够认真考虑如何为高管团队确立一个有助于充分发挥团队成员能力、为组织整体战略服务的目标。

使团队目标清晰明确不必也不应该是首席执行官一个人的事。如果你主动让团队成员参与提炼团队目标的过程，那么几乎总能产生一些原本可能被忽视的想法和灼见。团队的主要目标一旦确定（这里暂时性的，因为随时可对主要目标做进一步精进），最优秀的首席执行官就可以给团队极大的自由，以找出完成团队工作的最佳方式。完全听从上级指令的高管团队没有任何意义，它极大地限制了团队成员的能力和团队的潜能。但是，为团队确立目标的责任归根结底在于首席执行官。

例如，你可以思考一下室内乐团（如弦乐四重奏乐团）和交响乐团之间的区别。二者都有作曲家提供的乐谱，都必须按照乐谱演奏。但是，弦乐四重奏乐团的成员会密切配合来确定如何演绎和演奏作曲家的曲子，交响乐团则恰好相反，它由一名指挥者来非常具体地指挥如何演绎和演奏作曲家的曲子。高管团队应该更像弦乐四重奏乐团，演奏的是首席执行官提供的乐谱，不应该像交响乐团那样完全听从指挥。

不守规矩者可能会扼杀高管团队

有些高管对组织的贡献很大，但是作为团队的一员，他们却不能为团队做出贡献。无论是因为这些人不具备团队工作能力，还是因为他们不愿意和其他成员合作，对于组织和团队而言，都最好不要让他们加入高管团队。

最出色的首席执行官不厌其烦地做这些人的工作，以确保他们理解加入高管团队是工作中不可缺少的一部分。他们对人际交往能力差的成员实施一对一引导，帮助他们提高工作能力，从而为团队工作做出创造性贡献。如果能够帮助被他人视为“不守规矩”的人成为团队的重要成员，那么首席执行官会感到非常欣慰。

但是，高管团队领导者有时必须面对这样的现实，即苦口婆心不起作用，他们不得不重组团队，将不守规矩的人排除在外。借用一名首席执行官的话来说，就是“重新勾画”团队边界，将不守规矩者拒之门外。由于这些人依然是组织的高管，其中有些人对组织的贡献关乎组织的成功，因此不能简单地将这些人晾在一旁了事。相反，尽管他们不是团队成员，但首席执行官还是必须设法让他们更多地参与团队工作，征求他们的意见以供高管团队参考，团队做出决定时也要及时全面地与他们沟通，只是不能再让这些不守规矩者有机会延缓、干扰和阻碍高管团队完成那些需要成员相互依赖的工作。

在这里要提醒大家注意的是，人们在实际的群体生活中往往对与大多数人有着显著区别的人有负面感受。因此，如果高管团队中有成员的民族、性别、年龄与其他成员不同，或有某些与他人显著不同的特征，那么这个人就可能被视为“捣乱分子”。如果这个人还在团队会议上发表不同寻常的见解，那么这种情况就更有可能发生，因为他的背景和看法与众不同。因此，要避免陷入将与众不同的人视为“捣乱分子”的陷阱，或者说要避免将这样的人视为应为团队出现的问题负责的人。聪明的高管应该认识到这样的人可能是团队最宝贵的资源，只有在经过深度磨合和对成员甚至整个团队都进行了培训之后，才能考虑是否要将他们排除在团队之外。

团队规范至关重要

在我们的研究所评估的各种因素中，对团队表现影响最大的是引导团队成员行为的团队规范。团队规范是对团队成员行为的约束，能降低团队成员行为偏离正轨的可能性。团队规范也是一种行为准则，指明了团队成员在相互交往中应该追求和推崇的行为。

如果一支团队的团队规范有益于团队精神的培养（见第 3 章我们研究的实例），那么这样的团队的表现就要比那些团队规范会削弱团队精神的团队好得多，也比对恰当的成员行为缺乏共同期盼的团队好得多。

团队规范与团队目标的情况一样，最佳的团队规范不在于多而在于含义明确。如果一支团队有 17 条行为准则，那么这也许和没有行为准则效果一样，因为没有人特别是没有一个首席执行官能够记住 17 条行为准则。抽象的行为准则也是如此，例如"人人都应该建设性地开展工作"，那么怎样才是建设性地开展工作呢？这个问题没有普适的答案，因为它取决于团队在不同时期、不同环境下的具体需要。

高管团队需要制定有针对性的团队规范的依据。制定团队规范归根结底是首席执行官的责任，你可以选择自己制定团队规范，但是在团队还不成熟，或在团队成员还不太认可你时，要有令人信服的理由来制定某些规范。但是在大多数情况下，你可能会选择和团队成员一起来制定团队规范。制定团队规范的最佳时机是组建团队、重组团队或调整团队任务之时。你可以在会议上专门抽出时间向团队成员提出以下两个问题：

1. 如果我们想成为一支伟大的高管团队，那么在我们合作的过程中，始终必须要做的一两件事是什么？

2. 为了充分运用每个成员的知识、技能和经验，我们绝不能做的一两件事是什么？

这些问题肯定会引发热烈的讨论，通过讨论很可能会产生一份简明具体的团队规范列表。由于所有的成员都有发言权，所以由此产生的团队规范就能够得到成员的理解，也能够让成员自觉遵守。

但是当团队成员或团队的基本目标还不明确时，制定团队规范的尝试就可能会失败。如果成员都没有确定或还不明确，那就不能确定应该让他们如何合作。因此当 3 个必要条件，即真正的团队、富有感召力的目标和合适的成员还不完备的时候，提出有利于工作的团队规范的可能性就比较小。团队规范是有效的团队具备的一个主要特征，但是团队规范不能建立在空中楼阁里。

杰出的领导者十分关注高管团队

我们对高管团队领导者的时间支配情况进行的评估表明，他们最关注的是团队结构和环境，最不重视的是对团队的实际引导。这不足为奇，因为许多人之所以能成为组织领导者，是因为他们十分关注组织外部环境的需求和机遇，然后据此组建和领导相应的团队来满足这些需求并抓住机遇。

我们的研究成果表明，领导者重视团队环境很有益处，他们会毫不吝惜地为团队提供必要的支持和资源。这些领导者能确保团队的成功得到认可和褒奖，他们会安排团队需要的有利于团队工作的支持，如信息支持、培训支持和一些琐碎的物质支持等。如果仅仅根据团队成员个人的成就来奖励他们，或根据团队成员是否试图在没有支持的情况下，及是否以低廉的成本完成工作来奖励他们，那么这样的高管团队几乎必定会遇到障碍和迷失方向。

但是过多地强调结构功能和环境支持也可能带来困难。我们发现首席执行官越是重视对高管团队的引导，团队的表现就越优异；越是忽略团队引导而重视外部环境，团队的表现就越差。如果首席执行官不先花时间做好准备，不先说服董事会成员支持他们的关键方案，不先确保团队成员做好充分准备，那么他能参加董事会吗？然而如此精心准备和高度重视，并非始终适合高管团队及其工作。事实上，需要首席执行官花费大量时间和注意力的外部活动，让高管团队在效能上付出了巨大的代价。在我们的研究中，最杰出的团队是那些对团队引导和外部环境同等关注的团队。

许多首席执行官对给予团队实际引导经验不足或并不特别在行，也许这也是他们重点关注他们所熟知和擅长的外部环境的原因之一。当首席执行官不愿意或没有能力给团队以实际引导时，有很多方法可以帮助他们，其中一种就是邀请专家来引导、推动团队的发展，可以邀请的专家有外部教练或不属于高管团队的其他资深高管。外部教练除了给予团队引导外，还可以帮助首席执行官培养引导能力，资深高管应该是经验丰富的专业团队教练。还有一种方法是邀请教练与团队成员一起培养团队成员之间的相互引导能力和集体共事的能力，我们首推这种方法，因为同事之间相互引导的程度是判断高管团队状况最有说服力的指标之一，相互引导的越多，团队状况就越好。

无论首席执行官采取哪种方法，其目的都是一致的，都是尽最大可能给高管团队以有力的引导，而具体情况因团队和领导者而异。

领导高管团队的能力是
可以通过学习获得的

明确高管团队领导者必须掌握哪些有关高管团队效能的知识，并确定他需要具备哪些能力才能运用这些知识来强化组织的高管团队建设，是非常简单的。实际上，本书的主要内容就在于此。

这其中的挑战在于如何帮助那些已经养成领导习惯的领导者形成新的领导方式，以适应领导高管团队的特殊要求。从传统意义上讲，这只可意会而不可言传。实际上，首席执行官可以通过阅读本书以及其他书籍来吸取经验。他们可以参加高管研讨会和务虚会，对如何创建和支持杰出高管团队加深理解。但是归根结底，学习和掌握高管团队领导力涉及忘却某些曾经对领导者来说很有效的策略，以便养成新的思维和行为方式。由于对新的思维和行为方式还不熟悉，所以他们刚开始时会感到很不自在。

这些活动要求必须有一个环境，以激励领导者摒弃现行的行为方式，并为领导者探索其他团队领导策略提供支持。它不是去施教，而是让领导者置于一些场景中去体会。但从哪里入手且应该先学习哪些团队领导力呢？

解决这个问题的一个途径就是回到第 7 章我们列出的自我测试题上。你发现是你的团队设计能力强还是及时引导能力强？你更善于分析团队状况还是采取行动强化团队建设？通过回答这些问题，你可以确定自己需要培养哪些具体的能力。

还有一个只有你能回答的问题，即在你拓展了团队领导力后，或在你对领导高管团队至关重要的几种能力有了深刻认识后，你和你的团队能从中受益更多吗？回答这个问题的另一个思路是，想想你作为团队领导者需要得到什么样的支持，想想你能否顺利地获得这些支持。在单一方面能力强的首席执行官，比如团队设计能力强，那么可能还需要邀请其他人来共同完成团队其他方面的工作，如给团队以实际引导。能力全面的首席执行官承担的工作可能更多，但是在需要很强的领导力才能解决的具体问题上，可能仍需要他人的帮助。

我们提出的这些问题的答案没有对错之分，但是必须有答案，因为学习团队领导力必须投入大量的时间和精力，仅靠参加一两次研讨会是学不到的。实际上，学习团队领导力必须置身于一种环境中，这种环境不仅可以让你学习课堂知识，也可以提供机会让你体验新的领导方式，并获得这些新的领导方式带来的影响的真实反馈，还可以让你反复练习直到熟练掌握为止。

因此，精心选择培养团队领导力的环境是明智之举。只有那些明确提供学习环境而不是仅仅提供课堂教学的领导者培训项目，才有可能帮你开启永无止境的团队领导力学习之旅，并为你的团队中其他成员的学习树立典范。

造就伟大的高管团队

首席执行官永远不会甘受特定的竞争或监管环境所限，他们总要采取行动为企业创造更有利的环境。但是许多首席执行官在组建和支持他们的高管团队时，却总是甘受当时的条件所限。他们同意让下属成为团队成员；他们一成不变地沿用传统的议程，让团队忙于一些对企业成功无关紧要的琐事；他们不加审视和质疑地沿用现行的团队规范；他们毫不怀疑地接受现行的奖励机制和信息机制，而不管它们是否适合支持高管团队的工作。

过多地接受现行的团队和组织功能，可能会令团队领导者和成员感到沮丧。例如，有时试图将就地维持令人不满意的功能，可能导致团队工作毫无实际进展。在这样的情况下，饱受挫折的首席执行官可能会像光杆司令一样发号施令，在最需要的时候，得不到其他高管的支持和帮助。高管团队成员注意到了这一点并得出这样的结论，即事情越是重要就越和他们无关，这种情况会发生也是可以理解的。于是，团队成员致力于团队工作的意志被进一步消磨，久而久之团队功能不良就会成为一种常态，虽然人人都厌恶这种状态，但是却没有人知道如何改变它。

本书的中心思想是，团队完全可以不必是这种状况，我们的研究已经确定了 6 个条件，如果这 6 个条件完备，那么高管团队发展成为高效、灵敏的团队的可能性将大大增加，团队成员也将能在应对企业面临的重大挑战和机遇时，把自己的知识、专长和经验发挥得淋漓尽致。实际上，我们的研究表明，高管团队表现好坏的自然差异，有近一半是由这 6 个条件的具备程度所决定的。

具备这些条件，即 3 个必要条件和 3 个赋能条件，说起来容易，做起来却很难。但是我们的研究表明，想方设法去创造这些条件是值得的，因为它们可以极大地提高造就一支伟大的高管团队的可能性。具备这 6 个条件，不仅可以提高组织做出紧急决策的速度和质量，而且随着时间的推移，团队能力也将逐渐增强，同时团队成员也将迈入不断成长和壮大的轨道，这不仅可以不断增强他们的专业能力，而且也会加深他们对如何在整个组织中造就最高品质的高管团队的认识。

Senior Leadership Teams

译者后记

高管团队的能力决定着组织的命运，其重要性不言而喻。高管团队的建设问题，正在成为组织行为学研究的一项重要课题。本书就是几位知名学者多年潜心研究成果的集中体现，其内容适应组织需要且实用。如果你想创建和维持一支成员间既能共同努力实现组织目标，又能相互学习的高管团队，或者你正在进行这方面的思考，那么本书将给予你许多启迪和实用的指导。

本书首先阐述了如何确定组织是否需要高管团队，其次基于作者对全球百余支高管团队的研究取得的成果，阐述了如何给团队确立一个清晰而又富有感召力的目标、如何让合适的人进入团队、如何为团队提供合理的结构和支持，以及如何磨砺团队成员自身的能力。本书指出，首席执行官所能做的是创造条件，提高高层管理小组发展成为一支出色的高管团队的可能性。那么，如何提高这种可能性？本书详细阐述了高管团队领导职能必须具备的6个条件以及如何创造它们。

本书面向那些寻求以另一种视角来审视高管团队的读者，既包括商业、政府组织的领导者，也包括对企业高层领导力感兴趣的读者。本书深入分析了为什么有的高管团队进入了能力不断攀升的螺旋式上升通道，而有的团队却还在无休止地苦苦挣扎，以及成立不久就陷入重重矛盾之中甚至面临解体。本书还就如何使高管团队发挥出真正的作用、不受那些常常导致团队脱离正轨的失误和错误的影响，提出了具体实用的指导。

本书由郭旭力、鲜红霞、王圣臻翻译，郭旭荣、鲜红珊、王国伦等也提供了大量帮助。作为译者，我们深感能力有限，不足之处在所难免，敬请读者批评指正。在本书译成之际，我们要衷心地感谢那些给予我们指导和帮助的朋友，感谢他们给予我们的理解和支持，也感谢他们为本书的出版付出的艰辛。

北京市版权局著作权合同登记号 图字：01-2022-0618

图书在版编目（CIP）数据

让高管团队更高效 /（美）鲁思 · 韦格曼等著 ; 郭旭力 , 鲜红霞 , 王圣臻译 . -- 北京 : 中国财政经济出版社 , 2022.5
书名原文 : Senior Leadership Teams
ISBN 978-7-5223-1310-8

Ⅰ . ①让… Ⅱ . ①鲁… ②郭… ③鲜… ④王… Ⅲ . ①企业领导学 Ⅳ . ① F272.91

中国版本图书馆 CIP 数据核字 (2022) 第 061815 号

责任编辑：罗亚洪　　　　责任校对：胡永立
封面设计：ablackcover.com　　　　责任印制：张　健

让高管团队更高效
RANG GAOGUAN TUANDUI GENGGAOXIAO

中国财政经济出版社 出版
URL：http://www.cfeph.cn
E-mail:cfeph@cfemg.cn
（版权所有 翻印必究）
社址：北京市海淀区阜成路甲28号　　邮政编码：100142
营销中心电话：010-88191522
天猫网店：中国财政经济出版社旗舰店
网址：https：//zgczjjcbs.tmall.com
天津中印联印务有限公司印装　　各地新华书店经销
成品尺寸：170mm×230mm　16开　16.75印张　237 000字
2022年5月第1版　2022年5月天津第1次印刷
定价：89.90元
ISBN 978-7-5223-1310-8
（图书出现印装问题，本社负责调换，电话：010-88190548）
本社图书质量投诉电话：010-88190744
打击盗版举报热线：010-88191661　QQ：2242791300